DK 아틀라스 시리즈

세계대탐험

글 닐 그란트 · 그림 피터 모터

THE GREAT ATLAS
OF DISCOVERY

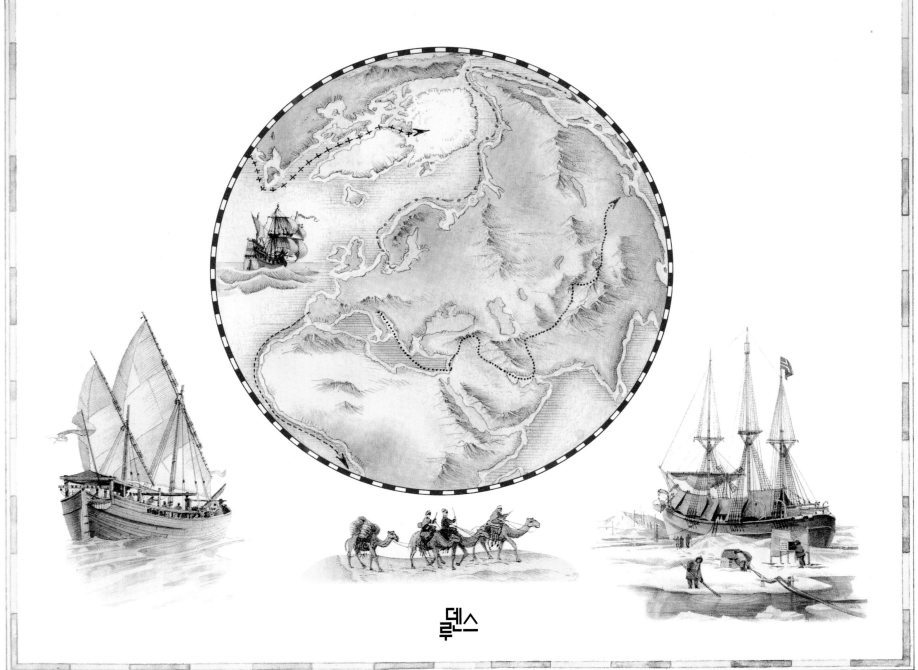

디딤돌

A DORLING KINDERSLEY BOOK

Art Editor Rachael Foster·Project Editor Anderley Moore
Managing Art Editor Jacquie Gulliver·Managing Editor Ann Kramer
Production Marquerite Fenn

First published in Great Britain in 1992
by Dorling Kindersley Limited,
80 Strand, London, WC2R ORL

Original Title : The Great Atlas of Discovery
Written by Neil Grant·Illustrated by Peter Morter
Copyright ⓒ 1992 Dorling Kindersley Limited, London

DK 아틀라스 시리즈
세계대탐험 초판 4쇄 발행 2020년 6월 10일
펴낸곳 루덴스 · **펴낸이** 이동숙 · **글** 닐 그란트 · **그림** 피터 모터
번역 박인식 · **감수** 김찬삼 고종훈 박영주 · **편집** 홍미라 박정익 · **디자인** 모현정 김효정
출판등록 제16-4168호 주소 서울시 송파구 송파대로 201 송파테라타워 B동 919호
전화 02-558-9312(3) · 팩스 02-558-9314
값 24,000원 · ISBN 979-11-5552-229-5
책 내용의 전부 또는 일부를 재사용하려면 반드시 저자와 출판사의 동의를 받아야 합니다.
잘못 만들어진 책은 교환해드립니다.

교과 과정 연계표 (개정 7차)		
학년	단원	차례
초4 사회	문화재와 박물관	고대 아시아의 탐험가들/무역 여행/아시아의 중심
초5 사회	우리 겨레의 생활 문화	고대 아시아의 탐험가들/무역 여행/아시아의 중심
중1 사회	아시아 및 아프리카의 생활	아프리카의 신비/리빙스턴과 스탠리
	아메리카 및 오세아니아의 생활	폴리네시아 사람들/황금과 영광/새 제국들/북아메리카 황단/태평양 탐험가들/남쪽 바다의 쿡/오스트레일리아 종단/박물학자들/다윈과 비글 호
	아시아 사회의 발전과 변화	고대 아시아의 탐험가들/이슬람교도 여행자들/마르코 폴로의 중국 탐험
중2 사회	서양 근대사회의 발전과 변화	포르투갈 사람들/콜럼버스와 신대륙/북서 항로/북동 항로/시베리아 탐험/세계일주/북아메리카 황단/오스트레일리아 종단/박물학자들/북극 탐험/남극 탐험
	유럽 세계의 형성	바이킹의 항해/무역 여행
고1 사회	자연 환경과 인간 생활	고대의 탐험가들/마르코 폴로의 중국 탐험/폴리네시아 사람들/항해술과 항해 기구/해양 탐험/아프리카의 신비
	문화권과 지구촌의 형성	포르투갈 사람들/콜럼버스와 신대륙/북서 항로/북동 항로/시베리아 탐험/세계일주/북아메리카 황단/아시아의 중심/태평양 탐험가들/남쪽 바다의 쿡/오스트레일리아 종단/박물학자들/다윈과 비글 호/리빙스턴과 스탠리/북극 탐험/남극 탐험/오늘날의 탐험
고등 세계사	아시아 세계의 확대와 동서 교류	고대 아시아의 탐험가들/이슬람교도 여행자들/마르코 폴로의 중국 탐험
	유럽의 봉건 사회	바이킹의 항해/무역 여행/포르투갈 사람들/콜럼버스와 신대륙/북서 항로/북동 항로
고등 세계 지리	세계와 지리	이슬람교도 여행자들/항해술과 항해 기구/북서 항로/북동 항로/시베리아 탐험/세계일주/황금과 영광/새 제국들/태평양 탐험가들/다윈과 비글 호/해양 탐험/아프리카의 신비/리빙스턴과 스탠리/북극 탐험/남극 탐험
	오스트레일리아와 뉴질랜드	폴리네시아 사람들/남쪽 바다의 쿡

차례

세계대탐험 가이드 *How to Follow the Maps*

이 책은 고대의 여행자들부터 현대의 우주 여행자들에 이르기까지 위대한 탐험의 현장과 발자취를 그림지도로 자세히 보여준다. 탐험가들이 지나간 길들은 모두 숫자로 표시되어 있어서 탐험가들의 발자취를 그대로 좇으며 그들의 탐험에 대해 알 수 있다. 그림지도 외에도 사진, 글, 그림 등 다양한 자료들이 실려 있어 역사적인 발견들과 탐험가들, 항해술, 무역, 해양 탐험 등 흥미로운 사실들을 알 수 있다.

세계에서의 위치
빨간색으로 표시한 지역이 그림지도에 해당하는 나라나 대륙이다.

인물의 연대
정확한 연대가 알려져 있지 않은 경우 ☆(별표)를 표시해 대략적인 연대임을 나타냈다.

옛 지도
옛날의 지도들은 그 당시 사람들이 생각한 세계의 모습을 보여준다.

나침반
나침반 그림이 있어서 탐험가들이 어떤 방향으로 여행했는지 알 수 있다.

축척
축척으로 지역의 크기뿐만 아니라 탐험가들의 여행 거리를 알 수 있다.

탐험한 길
탐험가들이 지나간 길을 각각 다른 색깔과 모양으로 표시해 쉽게 구별할 수 있게 했다. 탐험 연대도 함께 표시했다.

기호
탐험가마다 각각 다른 모양의 기호(원, 사각형, 다이아몬드 모양 등)를 쓰고, 기호에는 탐험 경로를 따라 차례대로 번호를 붙였다.

탐험이 시작되는 곳에는 **1** 처럼 까만 기호 속에 숫자를 붙였다.

탐험가가 여러 차례 탐험을 하거나 두 탐험가가 함께 여행하다 헤어져 각각 새로운 탐험을 시작하는 곳에도 **4** 처럼 까만 기호 속에 숫자를 붙였다.

지 도 안 내

탐험가들과 관계있는 마을과 도시들을 지도에 나타내고 점으로 표시했다.

지명이 탐험가의 일지에 쓰인 이름과 달라진 경우 지금의 이름을 쓰고, 옛 이름은 괄호 속에 썼다.

크리스토퍼 콜럼버스가 식민지를 개척했던 "나비다드"처럼 ""(큰따옴표) 속에 쓴 장소들은 이제 그곳에 없다.

탐험가들과 관계있는 지명 중에서 이름이 지금과 다른 경우 옛 이름은 괄호 속에 넣었다.

위치가 분명하지 않은 경우 지명 뒤 괄호 속에 물음표를 붙였다.

탐험가들의 모험 장면들을 생생하게 그렸다.

탐험의 목적 *The Aim to Explore*

오랜 옛날부터 사람들은 자기들이 살고 있는 곳 주위를 탐험했다.
그들은 뜨거운 사막을 건너고, 높은 산에 오르고, 넓은 바다를
항해했다. 새로운 식물을 찾아 찌는 듯한 정글을 헤치며
나아가기도 하고, 바다 밑에서 신기한 생물을 잡아 오기도
했다. 탐험가들은 순수한 호기심으로 탐험에 나서기도
했지만, 새로운 땅이나 보물을 찾으려는 목적도 있었다.
어떤 이들은 무역을 위한 새로운 길을 찾아 나섰고, 어떤
이들은 선교사로서의 사명감을 가지고 다른 나라로 떠났다.
또 어부나 광부, 상인들은 보다 더 나은 생활을 찾기를 원했다.
오늘날에도 모험은 계속되고 있다. 인류는 이미 달 표면을 걸었고,
우주선에서는 다른 행성과 우주에 관한 갖가지 소식들을 전해 온다.
언젠가는 일반인들도 우주를
여행할 수 있을 것이다.

신화

옛날 사람들은 미신이나 전설, 신화 따위를 그대로
믿었다. 코끼리만큼 큰 짐승을 발톱으로 옮겨 줄
수 있는 커다란 독수리가 있다고 믿었고, 5백 년
전의 선원들은 너무 멀리 항해하면 지구
끝에서 지옥으로 떨어질지도 모른다고
두려워했다. 15세기에 아프리카 해안을
탐험하기 시작한 포르투갈 사람들은
적도에 이르면 사람들이 태양열에
새까맣게 타고, 바닷물이
끓고 있을 것이라고
생각했다.

새로운 땅, 식민지

유럽인들은 세계를 탐험하기 시작한 15세기
에 세계가 마치 자기네들 것인 양 행동했다.
새로운 나라에 도착하면 그 땅을 자기네 것
이라고 하고, 기독교인이 아니라는 이유로
그곳 사람들을 미개인 취급했다. 결국 몇 세
기 뒤에는 북아메리카, 남아메리카 및 대부
분의 아프리카를 포함하여 세계의 많은 지
역이 유럽의 식민지가 되었다. 그 지역 주민
들에게는 끔찍한 일이었다.

무역

'무역은 깃발을 따라간다' 는 말이 있다. 탐험가들이 새로운 땅을
발견하면 상인들이 바로 따라갔다는 것이다. 그러나 '깃발은 무역
을 따라간다' 고 하는 쪽이 옳을지도 모른다. 유럽이 15세기와 16세
기에 걸쳐 세계의 모든 대양과 대륙을 발견하게 된 것은 무역을
위한 길을 찾으려고 애쓴 결과이기 때문이다. 콜럼버스는 새로운
대륙을 발견하려고 출발한 것이 아니라 중국과 일본과의 무역을
위한 새로운 바닷길을 찾으려 했다. 그래서 죽을 때까지도 중국과
일본에 도착했다고 주장했다. 마젤란은 세계일주 항해를 할 작정은
아니었다. 그는 '향료의 섬들' 이라는 몰루카 제도와 무역을 위해
새로운 항로를 발견하려 했다.

종교

아메리카 대륙 탐험을 위한 유럽 탐험대
에는 사제도 항상 포함되었다. 사제들은
한 배를 탄 탐험대원들 뿐만 아니라
원주민들에게 기독교를 전하는 사명감을
띠고 있었다. 1540년에 설립된 예수회의
선교사들은 남북 아메리카와 극동 지역
에서 특히 활발한 선교 활동을 벌였다.
그들 중에서 에스파냐(스페인)의
성 프란시스 사비에르는 일본을 방문한
첫 유럽인이었으며, 프랑스의 마르케트
신부는 미시시피 강을 처음 발견했다.

지도 제작

중세에 유럽인들이 제작한 대부분의 지도는
당시 교회의 가르침으로 지구를 평평한 원
반처럼 그렸다. 아메리카 대륙이 있다는 사
실을 몰랐기 때문에 유럽, 아시아,
아프리카만 나타내고, 지도 위쪽을 동쪽,
세상의 중심을 예루살렘 성지로 표현했다.
종교책에 실려 있는 이 지도들은 지도라기
보다 종교 그림에 가깝다. 반대로 고대
그리스인들은 지구가 둥글다고 생각했다.
그러나 중세 유럽인들은 대부분 의심 없이
지구가 평평하다고 믿었다.

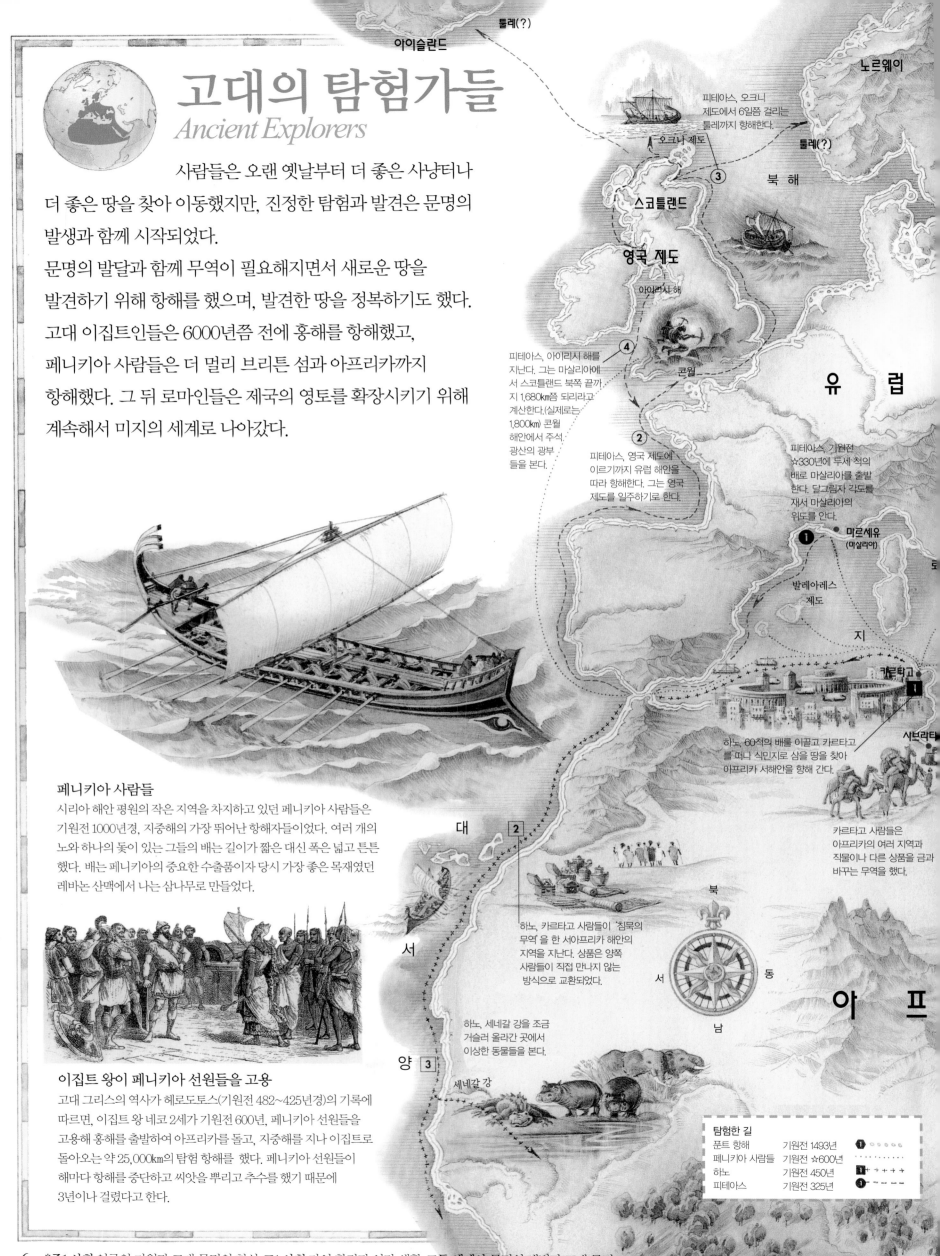

고대의 탐험가들
Ancient Explorers

사람들은 오랜 옛날부터 더 좋은 사냥터나 더 좋은 땅을 찾아 이동했지만, 진정한 탐험과 발견은 문명의 발생과 함께 시작되었다.

문명의 발달과 함께 무역이 필요해지면서 새로운 땅을 발견하기 위해 항해를 했으며, 발견한 땅을 정복하기도 했다. 고대 이집트인들은 6000년쯤 전에 홍해를 항해했고, 페니키아 사람들은 더 멀리 브리튼 섬과 아프리카까지 항해했다. 그 뒤 로마인들은 제국의 영토를 확장시키기 위해 계속해서 미지의 세계로 나아갔다.

페니키아 사람들

시리아 해안 평원의 작은 지역을 차지하고 있던 페니키아 사람들은 기원전 1000년경, 지중해의 가장 뛰어난 항해자들이었다. 여러 개의 노와 하나의 돛이 있는 그들의 배는 길이가 짧은 대신 폭이 넓고 튼튼했다. 배는 페니키아의 중요한 수출품이자 당시 가장 좋은 목재였던 레바논 산맥에서 나는 삼나무로 만들었다.

이집트 왕이 페니키아 선원들을 고용

고대 그리스의 역사가 헤로도토스(기원전 482~425년경)의 기록에 따르면, 이집트 왕 네코 2세가 기원전 600년, 페니키아 선원들을 고용해 홍해를 출발하여 아프리카를 돌고, 지중해를 지나 이집트로 돌아오는 약 25,000km의 탐험 항해를 했다. 페니키아 선원들이 해마다 항해를 중단하고 씨앗을 뿌리고 추수를 했기 때문에 3년이나 걸렸다고 한다.

툴레(?)

아이슬란드

노르웨이

피테아스, 오크니 제도에서 6일쯤 걸리는 툴레까지 항해한다.

오크니 제도

툴레(?)

북 해

③

스코틀랜드

영국 제도

아이리시 해

④

피테아스, 오크니 제도에서 6일쯤 걸리는 피테아스, 아이리시 해를 지난다. 그는 마실리아에서 스코틀랜드 북쪽 끝까지 1,680km쯤 되리라고 계산한다.(실제로는 1,800km) 콘월 해안에서 주석 광산의 광부들을 본다.

콘월

유 럽

②

피테아스, 영국 제도에 이르기까지 유럽 해안을 따라 항해한다. 그는 영국 제도를 일주하기로 한다.

피테아스, 기원전 ☆330년에 두세 척의 배로 마실리아를 출발한다. 달그림자 각도를 재서 마실리아의 위도를 안다.

❶ 마르세유 (마실리아)

발레아레스 제도

지

카르타고 ❶

사브라타

하노, 60척의 배를 이끌고 카르타고를 떠나 식민지로 삼을 땅을 찾아 아프리카 서해안을 향해 간다.

카르타고 사람들은 아프리카의 여러 지역의 직물이나 다른 상품을 금과 바꾸는 무역을 했다.

대

2

서

하노, 카르타고 사람들이 '침묵의 무역'을 한 서아프리카 해안의 지역을 지난다. 상품은 양쪽 사람들이 직접 만나지 않는 방식으로 교환되었다.

북

서 동

남

아 프

양

3

하노, 세네갈 강을 조금 거슬러 올라간 곳에서 이상한 동물들을 본다.

세네갈 강

탐험한 길

푼트 항해	기원전 1493년	❶
페니키아 사람들	기원전 ☆600년	
하노	기원전 450년	❶
피테아스	기원전 325년	❶

하노, 아프리카로 출발

페니키아 사람들의 가장 큰 항해는 기원전 500년경, 하노의 항해이다. 하노는 배들을 이끌고 카르타고를 떠나 아프리카 서쪽 해안을 따라 남쪽으로 항해했다. 도중에 세네갈 강을 거슬러 올라갔으며, 기니 만에 이르렀다. 하노는 이상한 경험을 많이 했는데, 완전히 털로 뒤덮인 '사람'들과 만났다는 이야기도 있다. 침팬지였을 것이다.

무역상들과 식민지 개척자들

페니키아의 도시 티레와 시돈이 기원전 700년쯤에 정복당할 때까지 페니키아 사람들은 무역을 위해 지중해 연안에 많은 식민지를 개척했다. 그 가운데 가장 큰 곳은 카르타고였다. 그들은 이집트인들이 배를 만들고, 솔로몬 왕이 예루살렘 성전을 건축하는 데 필요한 목재를 공급했다. 멀리 영국의 콘월까지 항해하여 주석을 사 오기도 하고, 뿔고둥에서 자주색 염료('티레 자주'라고 함)를 발견하기도 했다. 금속 가공 기술도 가지고 있었으며, 초기 알파벳을 개발하기도 했다.

피테아스

그리스의 식민지 마르세유에서 태어난 그리스의 천문학자 피테아스는 기원전 330년경, 페니키아 사람들의 주석 무역에 끼어들기 위해 두 번에 걸쳐 북대서양을 항해했다. 그는 영국 제도를 일주하고 그곳 사람들에 관한 최초의 기록을 남겼다. 그리고 스코틀랜드에서 북쪽으로 항해하여 그가 '툴레'라고 부른 곳에 도착했다. 툴레가 정확히 어디인지는 모르지만, 해가 지지 않는다는 그의 기록에 따르면 북극에 가까운 곳일 것이다.

피테아스

이스탄불 (비잔티움)

페니키아 사람들이 배에 포도주를 싣는다.

아테네

밀레투스

시칠리아 섬

중

크레타 섬

키프로스 섬

시돈

티레

예루살렘

카이로

해

페니키아 사람들이 티레와 시돈을 무역의 중심지로 만든다.

푼트로의 항해

고대 이집트인들의 항해는 테베 근처 데르 엘 바하리에 있는 하트셉수트 여왕의 신전 벽에 글과 그림으로 남아 있다. 3500년쯤 전인 하트셉수트 여왕 때 고대 이집트인들은 무역을 위해 푼트(동아프리카인 듯함)로 항해했다. 그들은 나일 강에서 홍해까지 약 250km나 되는 사막을 가로질러 배를 만들 재료를 운반했다. 푼트까지의 항해는 위험한 암초와 상어가 많아 1년 넘게 걸렸다. 이러한 항해는 당시보다 500여 년 전부터 있었다.

푼트에서 가지고 온 재물

이집트인들은 푼트에서 몰약, 다양한 식물들, 상아, 흑단, 금, 표범 가죽을 비롯해 개코원숭이나 애완용 개까지 가지고 돌아왔다. 하트셉수트 여왕의 신전에 있는 조각(오른쪽)에는 향료 식물과 향료를 가지고 돌아오는 이집트인들의 모습과 '세상이 시작된 뒤 어떤 왕에게도 이러한 것들을 가지고 돌아온 적이 없었다'는 글이 새겨져 있다.

이집트

하트셉수트 여왕의 신전

테베

홍

해

1

이집트인들의 푼트 탐험은 테베 북쪽에서 시작된다. 모든 물건은 배가 떠나는 홍해까지 사막을 가로질러 운반해야 한다.

리 카

기원전 1세기, 이집트가 로마의 영토가 되었을 때 로마의 병사들은 나일 강을 거슬러 올라가려 했다. 그러나 거대한 갈대 늪 때문에 계속 갈 수가 없었다.

나일 강

이집트인들은 푼트에 도착하여 재물들을 배에 가득 실었다. 하트셉수트 여왕의 신전에 필요한 향과 몰약나무도 가지고 돌아간다.

푼트(?)

2

고대 아시아의 탐험가들
Ancient Asian Explorers

2000년쯤 전, 고대 로마인들과 중국인들 사이에는

높은 산, 우거진 숲, 거대한 사막이 가로놓여 있었을 뿐
아니라 자신들의 영토를 지키려는 호전적인 부족들도
있었다. 그런데도 중국인들과 로마인들은 서로의
존재를 알고 있었고, 로마의 부유층은 비단길(실크로드)을
통해 들어온 중국의 비단옷을 입었다. 중앙아시아를
가로지른 비단길은 기원전 138년, 장건이라는
중국의 위대한 탐험가에 의해 열렸다.
이 길은 세계에서 세 번째로 문명이 발생한 곳이며,
불교의 발상지인 인도와도 통했다. 399년에 법현,
629년에 현장 등 중국의 승려들이 부처가 불도를 가르친
성지 순례와 불교 공부를 목적으로 인도를 여행했다.

장건, 페르가나로 달아난다. 이곳에서 훌륭한 말들과 포도주를 보고 감탄한다. 말은 훗날 중국에 수입된다.

현장, 서기 630년에 이식쿨 호에서 튀르크 사람들이 흩어지기 전에 마지막으로 모인 것을 본다.

장건, 대월지에 도착한다. 이곳 사람들은 중국과 동맹 관계를 맺을 생각이 없다. 1년 뒤인 기원전 116년에 중국으로 돌아간다.

법현, 호탄의 사원에서 석 달 동안 머무른다.

현장, 바미안에서 커다란 불상을 본다.

법현, 힌두쿠시 산맥을 넘는다. 이곳에 독을 내뿜는 용이 있다고 기록한다.

⑤ 이식쿨 호
③ 페르가나
사마르칸트
④
대 월 지
파미르 고원
카슈가르
텐 산 산 맥
③ 호탄
④
⑥ 바미안
힌두쿠시 산맥
페샤와르
쿤
라호르
인더스 강
델리
갠지스 강
⑧
⑦ 알라하바드

현장, 인더스 강을 건너다 귀중한 책 사본들과 수집했던 희귀한 씨앗들을 잃어버린다. 강을 건넌 뒤 코끼리를 타고 북쪽으로 향한다.

현장, 갠지스 강을 따라 알라하바드에 다다른다. 그곳에서 성스러운 벵갈보리수를 본다.

북
서   동
남

아

라

비

아

해

인   도

푸나

칸지푸람

법현, 많은 불경과 불교용품들을 가지고 중국으로 떠난다. 도중에 말레이시아와 인도네시아에 들른다.

⑥

스리랑카

장건

기원전 150년쯤에 태어난 장건은 중국 한나라 황제 무제의
궁전 관리였다. 기원전 138년, 무제는 장건을 서쪽의 중앙
아시아로 보내 북쪽에서 침입해 오는 유목 민족인 흉노와
싸워 줄 동맹국을 찾았다. 장건은 한때 그리스 알렉산드로
스(알렉산더) 대왕의 땅이었던 대월지에 도착했다.
대월지 사람들은 흉노와의 싸움에 가담하려 하지 않았지만,
장건은 중국, 인도, 중동 사이에 교섭의 길을 여는 데
성공했다.

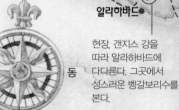

현장이 본 거대한 불상은 현재
아프가니스탄의 바미안 계곡에 서 있다.

불교

기원전 6세기경에 인도에서 오래 된 힌두교의
한 분파로 시작된 불교는 아시아의 여러 지역으로 퍼져
서기 100년경에는 중국에까지 이르렀다. 하지만 산스크
리트(인도의 고대 언어)를 번역한 중국의 불교 경전은 어떤
부분은 이해하기가 매우 어려웠다. 그래서 법현을 비롯한
중국의 승려와 성지 참배자들은 불교에 관해 더 알기 위해
아시아를 가로질러 여행했다. 그들은 인도의 승려들을 만나고,
더 많은 경전을 얻고, 더 좋은 번역을 구하고, 그리고 고대의 불교
사원에서 공부하기 위해 인도를 향해 떠났다.

탐험한 길
장건	기원전 138~116년	❶
법현	서기 399~414년	❶
현장	서기 629~645년	❶

현장, 투루판 왕의 호위를 받는다. 투루판 왕은 여행에 필요한 것들을 채워 주어 현장이 계속 여행하도록 한다.

현장, 혼자 사막을 건너다 길을 잃고 물통도 잃어버린다. 그런데 그의 늙은 말이 그를 하미의 오아시스까지 데려다 준다.

바람 때문에 법현의 배가 북쪽으로 너무 밀려간다. 그래서 법현은 육로로 양쯔 강까지 간다.

④ 투루판 히미 ③

안시

청다오 ⑦

⑨ 둔황

현장, 이곳에서 안내인과 말을 구했는데, 뒤에 안내인이 그를 버리고 도망간다.

우웨이 ❷

법현, 북쪽 길을 택한다. 죽은 사람들의 뼈를 따라 사막을 건넌다.

현장, 서기 645년, 국경에서 황제의 입국 허가가 나오기를 기다린다.

장건, 흉노의 영토를 지나가다가 붙잡혀 10여년간 포로 신세가 된다.

❷

현장, 서기 629년, 인도를 향해 출발한다.

양쯔 강

양쯔 강

난징

시 안 (장안) ❶

❶

❶

시　아

장건, 기원전 138년, 함께 흉노와 싸워 줄 동맹국을 찾으려 긴 행렬을 이끌고 서쪽으로 출발한다.

법현, 서기 399년, 다른 세 사람과 함께 장안을 떠난다.

중국 (캐세이)

말라야 산맥

법현

서기 370년경에 태어난 법현은 불교를 공부하기 위해 서쪽으로 실크로드를 통해 호탄에 이르러 많은 불교 승려들을 만났다. 꽃과 깃발들로 장식된 그곳의 종교 축제를 보면서 석 달 동안 머무른 뒤 산맥을 넘어 인도로 가서 갠지스 강 근처의 사원에서 몇 년간 공부했다. 스리랑카에서는 성스러운 유물(부처의 것이라고 전해져 오는 사람의 치아)을 보았다. 중국 사람들은 그의 15년간의 여행기를 통해 중앙아시아와 인도에 대해 많은 것을 알게 되었다.

현장

'삼장 법사'로 알려진 현장은 서기 602년에 태어났다. 그는 법현의 발자국을 200년쯤 뒤에 따라갔다. 말을 타고 사막을 지나 인도에 도착하여 옛 불교 경전을 공부하기 위해 산스크리트를 공부했다. 15년 후 중국 으로 돌아가 산스크리트 경전을 번역하고, 큰 사원을 운영하고, 여행기를 썼다. 위대한 학자였고 용감한 모험가였지만, 그런 그도 사막을 혼자 건널 때는 무서웠다고 기록했다.

200　400　600 km

타

겐지스 강

켈커터 ⑤

법현, 갠지스 강 유역을 따라 내려가 바다에 이른다. 남쪽의 스리랑카까지 배를 타고 간다.

현장, 중국으로 돌아오다

서기 645년, 현장은 20마리의 말이 끄는 마차에 700권쯤의 불경과 불상 등을 싣고 아주 성대한 환영을 받으며 중국의 장안으로 돌아왔다. 그는 기독교 성경의 100배나 되는 불경들을 번역 했다고 한다.

신라의 승려 혜초

서기 704년에 태어난 혜초는 723년 당나라 광저우에 가서 인도의 승려 금강지의 제자가 되었다. 그 뒤 인도 동해안에 도착, 불교 성지를 순례하고 40여 나라를 여행한 후 727년 당나라 장안으로 돌아왔다. 그의 인도 기행문인 《왕오천축국전》이 1908년, 프랑스의 학자 펠리오에 의해 중국 간쑤성의 둔황 석굴에서 발견되어 귀중한 사료로 평가되고 있다.

바이킹의 항해
Viking Voyages

'후미(바다가 육지 속으로 휘어져 들어간 곳)의 사람들'이라는 뜻의 '바이킹'은 서기 800년부터 1100년까지 영국과 북서 유럽의 해안을 약탈한 스칸디나비아 사람들에게 붙여진 이름이다. 그러나 약탈만을 일삼지는 않았다. 그들은 무역을 위해 혹은 정착할 수 있는 새로운 땅을 찾아 멀리 서쪽으로는 폭풍우 치는 대서양을 건너고, 남쪽으로는 온화한 지중해까지, 그리고 북쪽으로는 북극 지방까지 지구의 반을 항해했다. 당시 스칸디나비아는 부유한 곳이었으나 인구가 늘어나고 있었다. 상속받을 땅이 없는 젊은 사람들은 다른 나라를 침략하여 재산을 차지하려 했고, 새로운 땅에 이주함으로써 본국에 세금을 내지 않아 부유해졌다.

북유럽의 전설

그린란드 식민지 개척, 바이킹의 북아메리카 항해는 대부분 '사가'라는 북유럽의 전설이다. 그 중 하나는 바이킹의 항해 뒤인 12세기에 씌어진 '그린란드의 사가'(왼쪽 사진)인데, 일부 전설은 북유럽 인들의 역사에 관한 것이다. 어떤 전설에서는 아메리카에 다리가 하나밖에 없는 사람들이 살고 있다고 했다. 북유럽 사람들은 실제로 아메리카 대륙에 있는 뉴펀들랜드에 이주했다. 뉴펀들랜드의 란스오메도스에서 발견된 집의 흔적에 의해 입증된 사실이다.

브라타리드에 있는 북유럽 사람들의 부락 유적. 붉은 에리크가 자신의 집을 지은 곳이다.

많은 아이슬란드 사람들이 현재의 고드호프 근처에서 식민지로 개척할 곳을 발견했다. 그러나 15세기경에는 기후가 더 추워져 노르웨이 사람들의 그린란드 이주는 실패했다.

배핀 섬 (헬루랜드)

그 린 란 드

아이슬란드

레이캬비크 · 싱벨리르

레이프 에릭손은 자기가 처음 본 땅을 헬루랜드('평평한 돌의 땅'이라는 뜻)라고 이름 짓는다. 이곳은 아마도 현재의 배핀 섬일 것이다.

고드호프 ●

올라이네호프 (브라타리드)

에리크는 아이슬란드 사람들에게 그린란드 남서부로 이주하기를 권한다. 그는 브라타리드에 자신의 집을 짓는다.

붉은 에리크는 가족과 다른 사람들을 이끌고 아이슬란드를 떠나 서쪽으로 탐험한다.

북 아 메 리 카

래브라도 반도 (마크랜드)

레이프, 숲에 덮인 곳에 이르러 '숲의 땅'이라는 뜻의 마크랜드라고 이름 짓는다.

란스오메도스 ●

뉴펀들랜드

뉴펀들랜드에 '레이프의 집들'이라 불리는, 오두막으로 이루어진 거주지가 생긴다.

초기의 바이킹들이 모여 회의한 아이슬란드의 싱벨리르

북

서 · 동

남

빈란드(?)

레이프의 부하들은 야생 포도 덩굴이 자라고 있는 빈란드를 발견한다. 뒤에 이주한 사람들은 자신들이 '스크렐링'('잔인한 야만인'이라는 뜻)이라고 부른 원주민과 싸운다.

대 서 양

탐험한 길
바이킹   800~1100년 ·········

누가 아메리카 대륙을 발견했는가?

북유럽인들은 1490년대의 콜럼버스의 항해보다 500년 앞서 북아메리카를 방문했다. 뱌르니 헤르율프손은 바람 때문에 배가 아이슬란드와 그린란드 사이의 항로에서 벗어나면서 붉은 에리크(노르웨이의 항해가. 머리카락이 붉어서 붉은 에리크라 함)가 간 곳보다 더 서쪽에 있는 땅에 대한 정보를 가지고 돌아왔다. 에리크의 아들인 레이프 에릭손은 그 땅을 탐험하려고 탐험대를 이끌고 떠났다. 아래 그림은 그가 헬루랜드를 발견하는 순간이다. 탐험대 일부는 더 남쪽으로 여행해 포도 덩굴이 자라고 있는 기름진 땅에 대해 보고했다. 레이프는 이 땅을 빈란드(포도주의 땅)라고 했다. 이러한 사실들은 북유럽인들이 아메리카 북동쪽에 도착했음을 뜻한다.

붉은 에리크

서기 980년대에 아이슬란드에 정착하여 살던 북유럽의 족장 붉은 에리크는 싸움 끝에 사람을 죽여 추방된다. 그는 전부터 알고 있던 서쪽으로 항해해 새로운 땅에 이주한다. 기후가 온화해지면서 해안 근처에 여름 잔디가 자라자 에리크는 많은 사람들이 이주해 오기를 바라는 마음에서 그 땅을 '그린란드' (녹색 땅)라고 불렀다. 화산과 온천이 있는 아이슬란드보다 더 춥고 얼음이 많은 곳이었지만, 에리크의 부락은 점차 발전했다.

항로 결정

대서양을 항해하는 북유럽인들은 방위반 (왼쪽 그림)이라는 일종의 나침반을 가지고 있었다. 반 위에 있는 새김눈 가운데 하나가 남쪽을 가리킨다. 정오에 이 새김눈이 수평선의 태양 바로 아래 지점에 똑바로 향하도록 한다. 항해자는 이것으로 방향을 잡아 항로를 정했다.

방위반

북유럽의 배

바이킹들이 침략에 사용한 롱십(긴 배)은 돛이나 노로 움직이는데, 빠르고 날렵했다. 그러나 바이킹들은 무역을 위해서 혹은 새로운 땅을 찾아 멀리 항해할 때는 롱십보다 폭이 넓고 길이가 짧아 사람과 짐을 더 많이 실을 수 있는 배를 이용했다. 이 배는 주로 사각형의 커다란 돛을 이용해 움직였지만, 노를 저을 수도 있었고, 배가 정박해 있을 때는 돛대와 돛으로 텐트처럼 지붕을 만들 수도 있었다. '노르' 라는 배는 길이가 16m, 폭이 4~5m나 되는 큰 화물선이었다.

강을 따라 여행

스웨덴과 노르웨이의 바이킹 무역상들은 강을 따라 러시아를 여행했다. 그들의 배는 가볍고 밑이 얕아 강 상류까지 올라갈 수 있었다. 다른 강으로 이동하거나 폭포를 만나 돌아가야 할 때는 왼쪽의 16세기 목판화처럼 육지로 배를 운반했다.

스웨덴의 바이킹인 플로키 ('갈까귀 플로키' 라고 알려짐은 자기가 풀어 놓은 갈까마귀들을 따라 서쪽으로 항해했다. 그는 아이슬란드의 동해안에 이르러 그곳에 집을 지었다.

북유럽인들은 서기 800년경 페로 제도와 아이슬란드를 발견했는데, 새들을 따라 항해한 것 같다.

0   200   400   600   800 km

페로 제도

셰틀랜드 제도

영국 제도

노르웨이

트론헤임

베르겐

오슬로

카우판그

발트 해

바이킹의 유럽 여행

대서양을 건너 서쪽에서 신대륙을 발견한 바이킹들은 유럽과 아시아를 향해 동쪽으로도 여행했다. 덴마크인들은 영국의 북동 지역에 이주하거나 이탈리아와 북아프리카 해안 지역을 침략했다. 스웨덴 사람들은 발트 해에서 카스피 해와 흑해에 이르는 무역 항로를 만든 후 흑해부터 콘스탄티노플까지 항해하고, 카스피 해부터는 실크로드를 따라 중국까지 여행했다. 노르웨이 사람들은 스코틀랜드 북부의 섬들을 점령하여 아일랜드의 더블린, 코크, 워터퍼드 같은 도시를 세웠다. 다른 북유럽 사람들은 훗날 노르망디가 된 땅을 프랑스 왕에게 사들여 이주했다. ('노르망' 은 '북쪽 사람들' 또는 '노르웨이 사람들' 에서 온 말)

유럽에서 바이킹의 행로

대 서 양

아이슬란드

비르카

스타라야도가

아일랜드

더블린

요크

헤데비

노브고로트

볼가 강

볼가

코크

런던

함부르크

월린

트루소

키에프

이틸

워터퍼드

드네프르 강

노아르무티에르

베레자나

카스피 해

유 럽

도나우 강

흑 해

이스탄불
(콘스탄티노플)

고르간

자

중

해

티그리스 강

유프라테스 강

바그다드

이슬람교도 여행자들
Muslim Travellers

7세기에 탄생한 이슬람교(회교)는 겨우 200년 만에 에스파냐(스페인)와 인도까지 퍼졌다. 모슬렘(회교도)이라고 불리는 이슬람교도들은 아랍 사람들(이슬람교 최초의 신도들)의 언어와 지식 등을 공유하며 성지 메카 순례를 비롯해 많은 지역을 여행했다. 특히 이븐바투타 같은 학식 있는 모슬렘들은 광대한 이슬람 지역을 여행했다. 그 외에도 많은 이슬람교도들이 이슬람 국가뿐만 아니라 여러 곳에 대한 견문을 기록으로 남겼다.

메카
이슬람교를 일으킨 마호메트가 서기 570년에 태어난 아라비아의 사막 도시 메카는 이슬람교의 가장 성스러운 곳이다. 이슬람교도들은 기도할 때 메카를 향한다. 도시 중앙에는 이슬람교 역사보다 더 오래 된 카바('정육면체의 돌'이라는 뜻) 신전이 있다. 유대인들은 이 신전을 예언자 아브라함이 지었다고 생각하며, 하늘의 힘이 닿는 곳이라고 믿고 있다.

이슬람의 학자들
12세기에 기독교인들이 여전히 지구는 평평하다고 믿고 있을 때 이슬람 학자들(위 그림)은 지구가 둥글다는 사실을 알고 있었다. 그들은 책을 쓰고 천체 관측소를 짓고 교육기관을 세웠다. 항해술도 뛰어났던 아라비아 사람들은 초기의 항해 도구인 아스트롤라베(오른쪽 사진)를 발명했다.

아스트롤라베

알 이드리시
1100년경에 북아프리카에서 태어난 아랍의 지리학자 알 이드리시는 유럽의 여러 지역과 중동을 여행했으며, 시칠리아의 왕 로제르 2세를 위해 일하기도 했다. 그는 나일 강의 원류까지도 보여주는 세계 지도(왼쪽 그림)와 지구본을 만들어 여행자들에게 큰 도움을 주었는데, 실제의 위치와 별 차이가 없다.

지　중　해

이븐바투타, 1325년에 아라비아의 성지를 순례하러 탕헤르를 떠난다.

탕헤르

페스

아틀라스 산맥

이븐바투타, 트리폴리에서 부인과 결혼한다.

이븐바투타, 1352년에 대상들과 함께 페스에서 자신의 마지막 여행을 떠난다.

마라케시

시질마사

이븐바투타, 남쪽으로 떠났던 시질마사로 다시 가는데, 눈보라를 만났다고 한다. 아틀라스 산맥을 넘어 1353년 9월에 페스에 도착한다.

트리폴리

투아트 오아시스

이븐바투타, 소금 마을 타가자를 지난다. 소금 캐는 사람들의 집은 암염(돌소금)으로 지어졌고, 지붕은 낙타 가죽이다.

타가자

사　하　라　사

아하가르 산지

이븐바투타 일행, 아하가르 산지를 넘어 간다. 오아시스에서 잠시 머무른다.

세네갈 강

이븐바투타, 지리를 몰라 왈라타에서 안내인을 고용한다. 길을 가다가 오래 된 바오밥나무가 무성한 모습을 본다.

왈라타

통북투

가오

나이저 강

타케다

이븐바투타, 통북투에서 6개월간 머무른다. 무역의 중심지 통북투에는 진흙 벽이 아름다운 이슬람 사원이 있다. 그 뒤 대상들과 함께 타케다로 간다.

말리

이븐바투타, 다른 여행자들처럼 나이저 강을 나일 강으로 착각한다. 처음으로 하마를 보고 놀란다.

나이저 강

대　서　양

북

서　　　동

남

탐험한 길
이븐바투타
첫 번째 여행 　1324~32년 ●∙∙∙∙∙∙∙∙∙
두 번째 여행 　1352~53년 ●----

이븐바투타

북아프리카 해안의 탕헤르에서 태어난 이븐바투타는 일생의 대부분을 여행하거나 다른 나라에서 살았다. 100,000㎞ 이상을 여행한 뒤 돌아와 '여행기'를 받아쓰게 하여 책으로 남겼다. 남긴 이야기들 가운데 콘스탄티노플에서 12,000명의 기독교 사제들을 만났다든가 하는 몇몇 이야기들은 조금 믿기 어렵다. 기록한 사람이 과장했을 수도 있다.

이븐바투타(1304~1377)

이븐바투타의 놀라운 여행

위의 지도는 광대한 지역을 탐험한 이븐바투타의 여행 일부를 보여준다. 그는 여행 중에 우즈베키스탄이라는 이름이 생기게 한 무하마드 우즈베크, 부하들을 매일 몇 명씩 죽였으나 학자들은 좋아했던 델리의 폭군 이븐 투그루크 같은 사람들을 만났다. 그리고 개썰매로 시베리아를 여행하고, '정크'라는 중국 돛단배로 중국까지 항해했다. 서아프리카의 고대 말리 제국 등 잘 알려지지 않은 곳에 대한 소중한 기록을 남기기도 했다.

이븐바투타, 예루살렘을 방문한다. 7세기에 지은 세계 최초의 이슬람 건축물이라는 석조 돔을 보고 감탄한다.

이븐바투타, 수많은 사원과 시라즈, 바그다드 등 고대의 도시들을 방문한다.

이븐바투타, 알렉산드리아에서 기원전 280년경에 세워진 세계 7대 불가사의 중 하나인 파로스 등대를 본다.

이븐바투타, 메카를 떠난다. 횃불을 든 대상들의 틈에 끼여 북쪽으로 간다. 낮에는 너무 더워 밤에 이동한다.

이븐바투타, 카이로에서 아스완까지 배를 타고 간다. 낙타를 빌려 타고 사막을 건너 홍해까지 가는데, 그곳의 전쟁 때문에 홍해를 건너 메카로 갈 수 없었다. 카이로로 돌아간다.

이븐바투타, 메카로 돌아간 뒤 인도와 극동으로 여행한다.

이븐바투타, 메카로 돌아간다. 지다를 떠나 동아프리카 해안을 따라 남쪽으로 홍해를 항해한다.

알제리의 아하가르 산지. 이븐바투타가 이곳을 넘어 타케다에서 투아트 오아시스까지 가는 데 60일이 걸렸다.

이븐바투타, 아라비아의 말들이 아라비아 해안에서 배에 실려 인도로 떠나는 것을 본다.

이븐바투타, 나무로 지은 집들이 있는 아름다운 마을 몸바사와 킬와(더 남쪽에)에 이른다. 그곳 사람들의 검은 피부를 보고 놀란다.

아라비아의 돛단배

지중해와 인도양에서 이슬람 무역상들은 지금도 홍해의 항구에서 볼 수 있는 '다우'라는 작은 돛단배를 탔다. 이 배의 큰 삼각돛을 이용해 바람에 따라 효과적으로 항해하면서 멀리 인도, 동인도 제도, 그리고 중국까지 자주 여행했다.

무역 여행
Travel for Trade

탐험가들은 순수한 호기심으로 미지의
세계를 탐험하기도 했지만, 돈을 벌려는 욕심이 컸기 때문에
위험을 무릅쓰고 지구 곳곳으로 갈 수 있었다. 특히 지중해
항해자들은 최초의 국제 무역상이며 탐험가였다. 바다를 통한
수송은 빠르고 쉬웠지만, 15세기까지는 중동에서 아프리카나
동남아시아에 이르는 항로는 위험했고 잘 알려지지도 않아서
무역상들은 주로 육로를 이용했다. 육로 수송은 비용이 많이
들어 비싼 물건들만이 무역할 가치가 있었다. 동쪽에서는
가장 좋은 비단, 옥, 자기, 향료 등이 수입되었고, 아프리카의
황금은 사하라 사막을 통해 운반되었다. 이집트의
알렉산드리아 같은 무역 중계 도시에서는 상품의 매매와
교환이 이루어졌다.

물물 교환, 금, 그리고 돈
옛날의 무역상들은 물물 교환을 했다. 금속 공예에 뛰어난
사막 지역의 상인들은 도끼날을 가지고 삼림 지역으로
가서 통나무와 맞바꾸었다.
사막 지역에서는 목재가 귀하고,
삼림 지역에서는 도끼날이
필요했기 때문이다. 나중에는
금이 물물 교환을 대신했다.

소금 무역
봉급을 뜻하는 영어의 '샐러리' 는 로마 시대에
소금이 관리나 군인들의 봉급으로 지불되던
일에서 비롯되었다. 옛날에는 그만큼 소금이
귀했다. 상인들은 소금이 귀한 곳에 소금을
가지고 가 팔았다. 오늘날에도 소금 무역은
사막 지역 경제에 매우 중요하다. 소금은
바닷물을 증발시켜 만들기도 하고, 사하라
사막처럼 더운 곳에서는 광물로 파묻혀 있는
것을 파내기도 하는데, 왼쪽은 태양열을 받아
결정되어 가는 소금의 모습이다. 땀을 많이
흘려 몸의 염분이 부족해지는 더운 지방에서
는 소금이 요리와 음식 보관에 없어서는
안 되는 재료이다.

소금길
사하라 사막이나 그 주위의 산지에서 나는 많은 소금이 낙타의
행렬에 실려 지중해 해안으로 운반되어 유럽으로 가는 배에
실렸다. 소금 무역은 주로 오아시스 근처에 사는 사람들과
물물 교환을 하던 사막의 유목 민족에 의해 이루어졌다.

황금의 유혹
14세기 중엽까지 세계 대부분의 금은 작은
덩어리나 가루의 형태로 서아프리카에서
생산되었다. 이슬람 무역상들과 모험가들은
비싼 상품들과 소금을 낙타로 금광 지역까지
운반해서 금과 중동, 유럽에 팔 노예들을 사서
돌아갔다. 극동과의 무역 관계로 중국의
비단이나 사치품을 살 때 값을 치르기 위해
많은 금이 필요했기 때문이다.

호르무즈
마르코 폴로가 13세기에 방문한 이란의
호르무즈(아래 그림)는 튼튼한 요새로
이루어진 페르시아 만의 무역 중심지였다.

비단 무역

4500년 전부터 중국 북부에서 생산된 비단은 누에고치에서 뽑은 명주실을 베틀로 짠 질기고 아름다운 천이다. 2000여 년 동안 그 제조법이 알려지지 않았는데, 500그램쯤의 실을 만드는 데도 2,500개의 고치에서 손으로 실을 뽑아야 해 값이 아주 비쌌다.

비단길(실크로드)

무역상들은 중간중간 숙소(위 그림)에서 쉬면서 카라반(대상)이라는 무리를 지어 비단길을 따라 비단을 낙타 등에 잔뜩 싣고 중동과 유럽으로 갔다. 비단길은 인도와 중앙아시아를 가로질러 산맥과 사막을 돌아가는 여러 갈래가 있었는데, 서양의 무역상들은 일찍이 서기 1세기경에 이 길을 탐험했다. 그리스의 지리학자 프톨레마이오스(서기 90~168년)는 무역상들이 물물 교환을 하는 파미르 고원의 돌 성채에 관해 기록했다.

탐험한 길
10~14세기의 주요 무역길
주요 비단길
주요 금과 소금의 길
주요 향료길

투루판
안시
황하
베이징 (캄발리크)
둔황
호탄
뤄양
한국
청해진
시안
황저우 (퀸자이)
아시아
중국
샤먼
태평양
벵골 만
밸리컷
코친
스리랑카
말라카
몰루카 제도 (향료의 섬들)
양
동인도 제도

장보고(?~846년)

청해진

통일신라 흥덕왕 때 장군 장보고가 해상권을 장악하고 중국, 일본과 무역하던 곳이다. 장보고는 군사 10,000명을 이끌고 지금의 완도인 청해에 진을 설치했다. 청해진을 중심으로 한 서남 해안의 해상권을 장악한 그는 당시 성행하던 중국의 해적을 소탕하는 한편, 중국과 일본 사이에서 동방무역의 패권을 잡았다.

향료 무역

성서에는 시바 여왕이 솔로몬 왕을 방문할 때 향료와 보석과 금을 가지고 갔다고 씌어 있다. 수천 년 전 중동 지역 사람들은 향료를 금만큼이나 귀중하게 생각했고, 유럽에서는 고기에 향을 더하는 데 향료를 썼다. 향료는 대부분 극동 지방의 야생 식물에서 채취했는데, 성서 시대에는 재배하기도 했다. 후추는 동양은 물론 서양에서도 가끔 돈으로 사용될 만큼 귀해서 세금으로 내기도 했다.

정향

열대 식물인 정향나무의 꽃봉오리(왼쪽)를 말린 정향(아래)은 향료로 쓰인다. 정향나무는 한때 동인도 제도의 모든 곳에서 야생했는데, 네덜란드 인들이 값을 올리기 위해 수많은 정향나무를 뿌리째 뽑아 버렸다.

육두구

육두구는 동남아시아 향료의 섬들(몰루카 제도)에서 자라는 육두구나무의 씨이다. 17세기에 포르투갈로부터 이 섬들을 넘겨받은 네덜란드인들은 이 향료 (왼쪽) 무역을 독점했다.

향료 운송

향료는 여러 길을 통해 서양에 전해졌다. 시바 여왕의 향료는 동남아시아부터 중국의 돛단배 정크(위 그림)로 벵골 만을 거쳐 아랍의 배 다우에 의해 아라비아 해를 건너 아라비아 반도 예멘의 하드라마우트 해안에 닿았다. 여기서부터는 상인들이 육지로 운반했다. 다른 바닷길은 홍해를 거슬러 올라가 알렉산드리아에, 또는 인도 해안을 따라가 페르시아 만 어귀의 호르무즈에 이르는 것이었다. 이러한 항로는 15세기 말, 포르투갈인들이 아프리카를 돌아 향료의 섬들에 이르는 길을 발견하자 모두 바뀌었다.

후추

후추 열매는 인도 남서 해안 근처의 몬순림에서 야생하는 덩굴나무에 열렸다. 후추 열매를 비롯한 향료 식물은 2000년 이전부터 동남아시아 전 지역에서 재배되었다.

계피

한때 금보다 귀했던 계피(왼쪽)는 스리랑카, 서인도 제도, 브라질 등에서 자라는 계피나무의 껍질을 벗겨 말린 것이다.

마르코 폴로의 중국 탐험 *Marco Polo in China*

폴로 형제의 동쪽 여행
베네치아는 13세기에 동양과의 무역 덕분에 유럽에서 가장 부유한 도시가 되었다. 몽고인들이 무역길을 열자마자 베네치아의 상인들은 처음으로 캐세이(지금의 중국)를 향해 출발했다. 폴로 형제는 1260년, 베네치아를 떠나 원나라의 수도인 캄바리크(지금의 베이징)에 도착, 황제 쿠빌라이의 환영을 받았다.

아시아의 상인들은 옛 비단길을 따라, 또는 남아시아 해안을 따라 바닷길로 상품들을 페르시아 만이나 흑해까지 가지고 갔다. 이 상품들은 지중해의 항구로 보내져 유럽 상인들이 사들였다. 상인들이 이처럼 멀리 돌아가는 길을 이용할 수밖에 없었던 이유는 중앙아시아를 가로지르는 가장 가까운 길을 이슬람 국가들이 가로막고 있었기 때문이다. 그러나 13세기에 칭기즈 칸이 이끄는 몽고인들이 동유럽에서 아시아에 이르는 광대한 지역을 점령하면서 마침내 상인들은 아시아를 가로질러 자유롭게 여행할 수 있게 되었다. 이탈리아의 폴로 형제(마르코 폴로의 아버지인 니콜로 폴로와 작은아버지 마테오 폴로)는 이 사람들 중에서 가장 먼저 1260년에 베네치아 (베니스)를 출발한 사람들이었다.

마르코 폴로(1254~1324)

마르코 폴로

1271년, 폴로 형제는 동양으로 두 번째 여행을 떠나면서 열여섯 살 난 아들 마르코 폴로를 데리고 갔다. 마르코는 몽고 황제 쿠빌라이 (원나라 황제 세조)의 제국에서 20년이나 살면서 드넓은 몽고 제국을 널리 여행했다. 유럽으로 돌아간 그는 훌륭한 동방 견문록을 남겼다.

폴로 형제, 1271년에 마르코 폴로를 데리고 두 번째 여행을 떠난다. 베네치아에서 아크레로 항해한다. 쿠빌라이 칸이 첫 번째 여행 때 부탁한 성유 (성스러운 올리브기름. 종교나 궁전의 행사에 쓰임)를 구하러 예루살렘으로 간다.

폴로 형제, 아크레에서 교황을 만나 쿠빌라이 칸에게 전할 편지를 받는다.

폴로 형제, 콘스탄티노플에 도착. 베네치아로 항해한다.

과일 열무들로 둘러싸인 도시 타브리즈에 도착한다.

마르코가 병들어 1년 늦게 파미르 고원을 지난다. 40일 동안 사람을 보지 못한다.

마르코에 의하면, 야자나무가 무성하고 멋진 매들이 있는 케르만을 지나 육로로 여행한다.

바다에서 강한 열풍이 불어오는 호르무즈에 도착한다. 배들이 너무 약해 보여 육지로 여행을 계속한다.

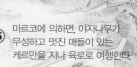
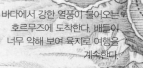

인도를 거친 2년간의 항해 끝에 호르무즈로 돌아간다. 몽고 공주를 결혼 상대자인 페르시아 족장에게 맡기고 떠난다.

롭 사막 횡단

폴로 형제는 쿠빌라이 칸이 준 금으로 만든 통행증이 있어서 중앙아시아를 자유롭게 여행할 수 있었다. 그들은 귀신이 나온다는 롭 사막(지금의 고비 사막의 한 부분)을 지나면서 밤에 야영할 때 사람 소리와 북 치는 소리 같은 이상한 소리를 들었다. 더운 낮에 팽창한 돌이나 모래가 추운 밤이 되자 수축하며 내는 소리였을 것이다.

위대한 칸의 궁전에서

칭기즈 칸의 손자 쿠빌라이 칸은 폴로 형제를 상두에 있는 자신의 크고 화려한 여름 궁전에서 처음 만난다. 그는 요술을 부릴지도 모르는 기독교 성직자들을 데려오지 않아 실망했으나, 따뜻이 환영했다. 니콜로 폴로는 마르코를 '나의 아들이자 당신의 부하'라고 소개했고, 그 뒤 마르코는 쿠빌라이 칸을 위해 20년간 일한다. 마르코는 학식이 깊고 열린 사고를 가진 쿠빌라이 칸을 매우 존경했다.

마르코 폴로에 의하면, 고비 사막을 건너는 데 한 달이 걸렸다고 한다. 그는 이곳을 먹을 것이라고는 전혀 없고, 모래 언덕과 계곡으로 이루어진 곳이라고 했다.

캄바리크

옛 몽고의 수도 카라코룸을 대신하게 된 중국에 있는 캄바리크는 쿠빌라이 칸의 수도였다. 30km에 이르는 하얗고 거대한 벽이 도시를 둘러싸고 있었다. 마르코 폴로는 이 도시를 길이 넓고 곧아 한쪽 끝에서 다른 쪽 끝을 볼 수 있는 부유하고 바쁜 도시라고 했다. 길들은 바둑판의 선처럼 도시를 나누었고, 나뉜 사각형에는 뜰과 정원이 있는 아름다운 집들이 들어차 있었다.

중국의 만리장성은 외적으로부터 나라를 지키려고 쌓았지만, 몽고군을 막기에는 역부족이었다. 마르코 폴로가 여행할 때 몽고 황제는 만리장성 안팎을 모두 지배하고 있었다.

사막을 건넌다. 밤이 되면 다음 날 아침에 길을 잃지 않도록 여행 방향을 표시로 놓고 잠든다.

카라코룸

1275년 5월, 상두에 있는 쿠빌라이 칸의 여름 궁전에 도착한다. 이 여행은 3년 6개월이 걸렸다.

캄피추에서 1년을 지낸다. 마르코는 이곳을 금으로 만든 상들이 많이 서 있는 크고 화려한 도시라고 기록했다. 이 근처에서 몽고의 몽도들을 떠난다.

⑦ 상두

일본
(치팡고)

한국
(고려)

⑧ 베이징
(캄바리크)

마르코, 캄바리크에 있는 쿠빌라이 칸의 겨울 궁전에서 머무른다. 칸은 자신의 제국을 탐험하라고 마르코를 내보낸다.

카시
(카슈가르)

⑤

⑥ 캄피추

고비 사막
(롭 사막)

만리장성

⑪ 양저우

마르코, 중국인들이 종이돈을 사용하는 것을 보고 놀란다. 유럽에서는 아직 종이돈이 쓰이지 않았다.

허텐

시안 ⑨

마르코, 큰 강을 건넌다. 가까운 시골에서 생강, 비단, 대나무와 많은 새들을 본다.

황저우
(퀸자이) ⑫

마르코, 중국의 도시 킨자이를 방문한다. 그는 그곳에 12,000개의 다리가 있다고 했다. 이러한 과장 때문에 그는 나중에 '백만의 마르코'라는 별명을 얻게 된다.

히말라야 산맥

정두
(신두푸)

중 국
(캐세이)

푸저우

인 도

갠지스 강

쿤밍
(야지) ⑩

마르코, 남쪽으로 향한다. 요새화된 많은 마을을 지나며 사자, 호랑이, 곰 등을 본다. 더 서쪽으로 여행하여 미얀마까지 갔던 것 같다.

바모

사먼(자익돈)

벵골 만

남중국 해

폴로 형제와 마르코, 1292년 1월, 중국 배들을 이끌고 항해를 떠난다. 칸은 마르코에게 페르시아의 족장과 결혼할 몽고의 공주를 페르시아로 데려다 달라고 부탁한다.

⑬

괴물 이야기

중세 유럽인들은 다른 대륙에 관해 여행자들이 한 괴물 이야기나 늑대 인간, 머리가 없는 사람(왼쪽) 같은 기이한 이야기들을 믿었다. 마르코 폴로는 다른 여행자들에 비해 사실에 가깝게 얘기했지만, 그도 굵은 꼬리와 개 머리를 한 사람들에 관한 기록을 남겼다.

마르코 폴로의 여행기

1298년, 마르코 폴로는 고향으로 돌아가자마자 베네치아와 전쟁 중인 제노바 사람들에게 붙잡혔다. 교도소에 있는 동안 그는 동료 죄수인 루스티첼로에게 자신의 여행을 이야기했고, 루스티첼로는 이것을 프랑스어로 기록했다. 이것이 바로 '동방견문록'이다. 루스티첼로는 작가였기 때문에 일부 과장된 이야기는 루스티첼로가 덧붙였을 수도 있다.

폴리네시아 사람들 *The Polynesians*

200년쯤 전, 유럽인들이 태평양을 탐험하다가 서로 수천 킬로미터나 떨어진 섬에서 사는 사람들이 거의 같은 말을 쓰는 것을 보았다. 이것은 그들의 조상이 같다는 뜻이다. 오늘날 대부분의 전문가들은 폴리네시아인들(북쪽의 하와이 섬에서 남쪽의 뉴질랜드, 동쪽으로는 멀리 이스터 섬까지 태평양에 커다란 삼각형을 이루는 섬들에서 사는 사람들)의 조상들이 1000년에서 3000년 전쯤 인도네시아와 말레이시아에서 왔을 것이라고 믿고 있다. 말레이 말과 비슷한 말을 쓰고, 폴리네시아에서 기르는 가축 가운데 동남아시아 원산인 동물이 있으며, 18세기에 폴리네시아 사람들이 가꾼 곡식들이 아시아의 것들과 같기 때문이다. 오랜 시간 카누를 타고 태평양을 건너 뉴질랜드에 도착한 마오리 족도 폴리네시아 사람이다.

항해술
폴리네시아인들의 조상들은 뛰어난 항해사였다. 항해용 지도인 해도나 항해 기구는 없었지만, 바람의 변화나 파도의 모습을 잘 감지했고, 해나 별을 보고 길을 찾았다. 섬들에 각각 '머리 위의 별'을 지정해 활용했는데, 시리우스별이 머리 위에 떠 있으면 자신들이 타히티 섬의 위도에 있다는 사실을 알았다.

항해용 막대 해도
초기의 폴리네시아 탐험가들은 섬을 향해 날아가는 새들을 따라 항해했다. 그러다 언젠가부터 폴리네시아인들은 야자수 가지들을 코코넛 섬유로 묶어 만든 막대 해도(아래)를 이용해 항해술을 가르쳤다. 가지들은 수천 킬로미터에 이르는 바다를, 거기에 달려 있는 조개껍데기는 섬들의 위치를 나타낸다.

라피타 토기
폴리네시아인들의 조상들은 '라피타 토기'를 만들었다. 2000년쯤 된 토기의 조각들이 그것을 만든 도구들과 함께 태평양의 섬들에서 발견되었다. 토기들의 제작 추정 연대를 바탕으로 라피타 계통의 폴리네시아 사람들이 섬에서 섬으로 이동한 자취를 추적할 수 있다.

라피타 토기

탐험한 길
라피타 토기가 발견된 곳
고구마가 발견된 곳
콘티키 호의 탐험(1947)

태 평

북

적도

하와이 제도

라인 제도

피닉스 제도
투발루
(엘리스 제도)
마르키즈 제도

뉴기니 섬
솔로몬 제도

산타크루즈
제도
서사모아
사모아

바누아투
(뉴헤브리디스 제도)
피지
통가
타히티 섬
소시에테 제도

뉴칼레도니아
쿡 제도

콘티키 호,
라로이아 섬
근처에서 열
부딪친다.

오스트레일리아

뉴질랜드

폴리네시아 삼각형

태평양을 항해하는 카누
폴리네시아인들은 나무줄기나 판자들을 섬유로 묶은 선체가 하나인 카누를 만들기도 하고, 하와이의 겹카누(위 그림)처럼 두 개의 선체를 연결하기도 했다. 이 카누들에는 돛과 노가 있었고, 어떤 것은 음식과 무기까지 실을 만큼 컸다. 쿡 선장이 1770년, 뉴질랜드에서 마오리 족의 카누를 재 보았는데, 자신이 세계 일주에 사용한 배보다 1m쯤 컸다.

군함조(군함새) 장식품
폴리네시아 카누의 뱃머리에는 군함조가 조각된 장식품이 붙어 있다. 비행의 왕인 이 새는 해면으로 급강하하여 날쌔게 물고기를 잡아먹는다.

고구마에 얽힌 수수께끼

고구마는 아메리카의 열대 지방이 원산지이지만, 폴리네시아 섬들에도 있다. 이러한 사실 때문에 어떤 전문가들은 초기의 폴리네시아 정착민들이 아시아가 아닌 남아메리카, 아마도 페루에서 왔으리라고 믿고 있다. 그렇다면 옛 페루 사람들이 어떻게 그처럼 멀리 항해할 수 있었을까? 노르웨이의 탐험가인 톨 헤이에르달은 1947년, 고대 페루의 뗏목을 본떠 만든 배를 타고 페루에서 투아모투 제도까지 6,900km를 항해해 어떻게 그것이 가능한지를 증명했다.

콘티키 탐험

1947년에 톨 헤이에르달이 만든 콘티키 호는 1500년 전에 페루에서 태평양의 섬들로 건너갔다는 페루의 태양신 '콘티키'의 이름을 땄다. 고대 페루의 배를 본뜬 이 배는 길이가 13.7m, 폭이 5.5m였다. 선체는 발사(벽오동과의 나무) 통나무로 만들었고, 갑판과 오두막은 대나무로 만들었다. 헤이에르달과 승무원들은 콘티키 호로 페루의 해안에서 투아모투 제도까지 6,900km에 이르는 거리를 해류를 타고 101일 동안 항해했다. 페루 사람들이 어떻게 폴리네시아에 정착할 수 있었는지를 증명했다.

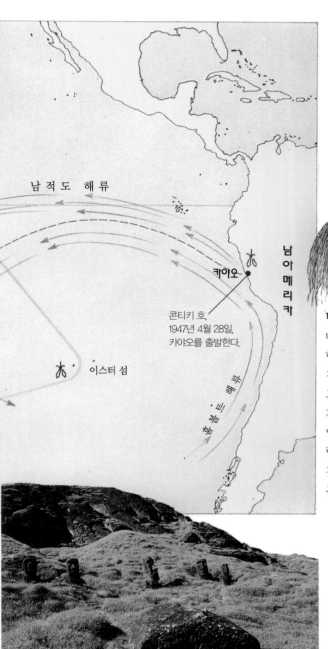

마오리 족

마오리 족은 마르키즈 제도에서 뉴질랜드로 항해했다. 마지막으로 이주한 사람들은 1350년 경, 대선단(많은 배들의 무리)이라는 집단이었다. 그들은 '이위'라는 집단 속에서 각자가 땅을 가지고 마을을 이루고 살았다. 많은 폴리네시아 인들이 문신을 했지만, 문신을 예술로 만든 사람들은 마오리 족이었다. 마오리 족장(위 그림)은 깃털로 머리 장식을 하고, '이위'를 나타내는 문신을 했다.

마오리 족의 요새

위의 판화는 뉴질랜드 에그몬트 산에 있는 마오리 족의 부락 모습이다. 호전적인 마오리 족은 적들의 습격에 대비해 종종 언덕 위에 요새 마을을 세워 망을 보았다. 그리고 항상 전투용 카누를 준비해 두었다. 부족끼리 싸우기도 했지만, 서로 모여 춤, 레슬링, 게임 등 축제를 벌이기도 했다.

이스터 섬

1722년의 어느 일요일, 네덜란드의 로헤헨 선장은 동태평양에서 작은 섬을 발견하고 '이스터 섬'이라고 이름지었다. 서기 400년 경부터 사람이 살기 시작한 이 섬은 가장 너른 곳의 폭이 38km밖에 되지 않았다. 태평양의 다른 섬에서 1,600km 이상, 칠레 본토에서는 3,218km나 떨어져 있어서 이 섬사람들은 자신들이 지구상의 유일한 사람들이라고 믿었다. 독특한 문화를 지니고 있었던 이들은 돌 조각 기술을 가지고 있었고, 폴리네시아인들 가운데 유일하게 그림문자를 쓸 줄 알았다.

죽은 사람을 지키는 신

1722년, 이스터 섬에 도착한 로헤헨은 해안을 따라 서 있는 수백 개의 거대한 돌상들을 발견했다. '모아이'라고 불리는 이 조각품들(왼쪽)은 부드러운 화성암으로 만들어졌는데, 일부는 불그스름한 다른 돌로 만든 머리 장식이나 왕관을 머리에 쓰고 있었다. 600개에 이르는 이 돌상들 중에는 높이 20m에 무게가 90톤까지 되는 것들도 있었다. 이 조각품들은 채석장에서 완성한 뒤 무덤을 덮은 '아후'라는 돌 위로 옮겨졌다. 옮길 때는 받침대나 큰 썰매, 밧줄을 이용한 것 같다. 섬사람들은 모아이가 죽은 사람을 지키는 신이나 죽은 사람들의 영혼을 나타낸다고 생각한다.

항해술과 항해 기구 *Navigation*

초기의 항해자들은 북극성의 위치와 태양의 움직임을 관찰해 배가 북쪽 또는 남쪽으로 얼마나 나아갔는지 알 수 있었다. 그러다 유럽의 '대항해 시대'인 15세기에 항해자들이 바닷길을 찾을 수 있는 기구들을 개발했다. 나침반은 항해의 방향을 알려주었고, 아스트롤라베(옛날의 천체 관측 기구)나 상한의(옛날의 천체 고도 측정 기구)로는 배의 위치를 계산할 수 있었다. 이러한 기구들은 대체로 정확하지는 못했지만, 넓은 바다 항해가 일반화되면서 항해용 기구들도 점차 발전했다.

초기의 항해

항해 기구들이 발명되기 전의 탐험가들은 막연한 추측에 따라 항해했다. 거리나 방향을 알기 위해 바람이나 해류에 관한 지식을 활용했고, 바다에 떠 있는 나무토막이나 바닷새들을 보고 육지가 멀지 않음을 알기도 했다. 열대 바다에서는 군함조가 있으면 가까운 곳에 육지가 있음을 알았는데, 군함조는 물 위에서는 살 수가 없기 때문이다.

위도와 경도

위도를 나타내는 선은 동서로 그어 적도를 0도로 하고, 북쪽과 남쪽을 '북위 몇 도', '남위 몇 도'로 나타낸다. 경도를 나타내는 선은 남북으로 그어 영국의 그리니치 천문대를 지나는 본초 자오선을 0도로 하고, 동쪽과 서쪽을 '동경 몇 도', '서경 몇 도'로 나타낸다. 오늘날의 항해자들은 위도와 경도를 이용하여 자기 배의 위치를 정확히 알 수 있다.

본초 자오선
경선
위선
적도

모래시계

배에서 처음 사용한 시계인 모래시계는 짧은 시간밖에 잴 수 없어 오랜 항해에는 쓸모가 없었다. 그러나 배의 속도를 재기 위해 측정줄(일정한 간격으로 매듭을 지은 긴 밧줄)과 함께 30초짜리 모래시계가 사용되었다. 측정줄을 배 뒤로 풀어가며 한 매듭에서 다음 매듭까지 걸리는 시간을 재어 속도를 알았다. 배의 속도는 지금도 '노트'('매듭'이라는 뜻)로 나타낸다. (1노트는 1,852㎧/h)

아스트롤라베의 손잡이 고리

위도와 경도의 측정

중세 유럽의 항해자들은 정오 때 태양의 고도, 밤의 북극성의 위치를 재어 위도를 측정해 자신들의 위치를 나타냈다. 그 뒤 18세기에 발명된 항해용 정밀 시계 크로노미터(천문 관측, 위도·경도 측정, 항해 등에 쓰이는 태엽시계)로 경도를 측정했다. 정오에 현지의 시각과 그리니치 본초 자오선의 시각을 비교해 그 시간의 차이를 알면 자기가 그리니치에서 동쪽 또는 서쪽으로 경도 몇 도 되는 곳에 있는지 알 수 있다.

나침반

남극 근처와 북극 근처에는 각각 자극이 있어서 자기를 띤 철못을 자유롭게 돌도록 놓아두면 항상 남북을 가리킨다. 나침반은 이러한 원리를 이용해 만들었다. 서기 1200년경, 유럽인들은 나침반을 발명해 항해의 방향을 아는 데 이용했다. 하지만 초기의 나침반은 바늘이 배의 대포처럼 철로 만들어진 물건들의 영향을 받아 항해 방향이 잘못되기도 했다. 위 사진은 16세기 이탈리아의 나침반이다.

별에 맞춘다
가로 막대
수평선에 맞춘다
눈금을 새긴 긴 막대

직각기

직각기는 별의 고도를 측정하여 위도를 아는 기구이다. 긴 막대를 수평선과 평행하게 들고 가로 막대를 움직여 위 끝이 별과 일직선이 되도록 했을 때(아래 그림), 가로 막대가 있는 곳의 눈금이 별과 수평선이 이루는 별의 고도이다. 아스트롤라베보다 사용하기가 편했지만, 낮에는 태양을 바로 바라볼 수가 없어서 사용할 수 없었다.

각도 눈금
회전 막대
눈 구멍
지침

아스트롤라베

정오에 태양의 고도를 측정해 위도를 아는 기구인 아스트롤라베는 다른 항해 기구들과 마찬가지로 처음에는 별을 연구하는 천문학자들이 사용했다. 가장자리를 따라 각도가 표시되어 있고, 회전할 수 있는 막대가 있다. 그 막대를 회전시켜 두 눈 구멍을 통해 태양을 볼 때 막대 끝의 지침이 가리키는 각도가 태양의 고도이다.

상한의(사분의)에서 팔분의로

별의 고도를 측정해 위도를 아는 상한의는 4분원 모양의 기구이다. 놋쇠로 만들었으며, 원의 중심에서 아래쪽으로 추가 매달려 있다. 한쪽 반지름 양 끝에 각각 작은 구멍이 뚫려 있어 이 구멍들로 별을 본다. 그때 추가 가리키는 원주의 눈금 숫자가 별의 고도이다. 1730년경에 발명된 팔분의(왼쪽. 8분원 모양)는 상한의를 더 발전시킨 것으로, 두 개의 거울이 달려 있다. 막대를 움직여 별이 수평선과 함께 비치게 한다. 이때 막대가 가리키는 원주 부분의 눈금 숫자가 별의 고도이다. 망원경 이전의 천체 관측 기구이다.

야간 시각 측정기

1550년경에 발명되었다. 위 그림처럼 손잡이를 잡고 팔을 뻗어 기구의 중앙에 있는 구멍으로 북극성을 본다. 그리고 북극성과 같은 별자리에 있는 두 별과 일직선이 되도록 막대를 움직인다. 막대가 가리키는 원반 위의 눈금 숫자가 그때의 시각인데, 오차가 10분 안쪽이었다.

육분의

18세기 말에 상한의를 대신한 육분의(위 사진)는 두 점 사이의 각도를 더 정확히 측정하기 위해 두 개의 거울과 망원경을 달았으며, 90도 이상의 각도를 잴 수 있었다. 초기의 육분의는 손으로 들고 다닐 수 있어서 배에서보다 바닷가에서 자주 사용했다. (왼쪽) 영국 사람이 만든 위의 육분의는 쿡 선장이 1770년 세 번째 항해 때 사용했다. 오늘날에도 별의 고도를 재는 데 발전된 육분의가 쓰이고 있다.

포르톨라노

중세 초기의 항해자들이 사용한 해도는 염소 가죽에 그린 '포르톨라노'였다. 해안선을 따라 여러 곳의 지명과 방향을 나타내는 선들, '장미'라고 알려진 장식적인 나침반이 나타나 있다. 16세기 포르투갈의 탐험가들이 많이 사용했는데, 지중해를 그린 위의 포르톨라노는 1555년경에 제작되었다. 이러한 초기의 해도들은 대부분 정확하지 않았다.

크로노미터

바다에서 항해할 때 쓰던 휴대용 태엽 시계. 18세기에 발명되면서 항해가 훨씬 쉬워졌다. 크로노미터는 정확한 시계였으며, 그리니치 시간을 맞추어 놓을 수 있어서 경도를 정확히 알아 낼 수 있었다. 파도 때문에 심하게 흔들리는 배에 몇 달 동안 두어도 오차가 거의 없었다. 아래는 남극 탐험가인 어니스트 섀클턴이 1914년에 사용한 것이다.

현대의 항해술

항해술은 20세기에 눈부시게 발전했다. 1908년에 발명된 자이로컴퍼스(자이로스코프의 원리를 이용한 나침반)는 자기의 영향을 받지 않아 언제나 정확히 북쪽을 가리켰다. 가장 획기적인 발명은 1900년경의 무전기이다. 배들은 무전으로 서로 연락할 수 있게 되었고, 무전으로 시각을 확인할 수 있게 되자 크로노미터가 필요 없어졌다. 오늘날에는 세계 어느 곳에 있는 배도 인공위성(오른쪽 사진)이 보내는 신호로 정확한 위치를 알 수 있다.

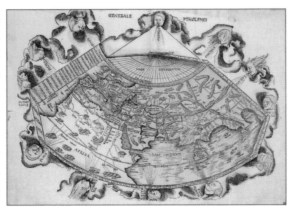

포르투갈 사람들
The Portuguese

15세기에 시작된 유럽의 대항해 시대에 포르투갈 사람들은 여러 세기에 걸친 싸움 끝에 이슬람교도들을 자기네 나라에서 몰아내고 1415년, 멀리 북아프리카까지 달려갔다. 거기에서 서아프리카 내륙 깊숙한 곳에 있다는 금광 이야기를 들었다. 항해왕이라고 알려진 포르투갈의 왕자 엔리케는 이 이야기를 듣고 선장들을 아프리카 해안으로 보내 탐험하게 했다. 1453년, 이슬람 세력의 하나인 오스만튀르크 족이 유럽과 극동을 잇는 육지의 무역길을 막아서 포르투갈 사람들은 남쪽 미지의 바다로 나아가려고 애썼다. 인도의 값진 물건들을 얻기 위해서였다. 초기의 탐험에서 선장들은 아프리카 해안을 따라 남쪽으로 천천히 나아가며, 자신들의 진로를 나타내기 위해 해안 곳곳에 '파드라오' 라는 돌기둥을 세웠다. 그리고 15세기 말경, 바스코 다 가마가 유럽과 인도를 잇는 첫 바닷길을 열었다.

프톨레마이오스의 지도

15세기의 세계 지도는 고대 그리스의 천문·지리학자 프톨레마이오스의 지도에 바탕을 두었다. 프톨레마이오스의 지도는 유럽과 지중해 연안은 꽤 정확하지만, 아프리카는 북반부만 보여준다. 아프리카 대륙이 어디까지 뻗어 있는지, 끝이 있는지 없는지 몰랐기 때문이다. 처음으로 아프리카의 남쪽 끝을 돌아 항해한 포르투갈 항해자들은 극동 무역 항로를 찾으려는 다른 유럽인들에게 자기들의 항해 사실을 비밀로 했다.

포르투갈의 캐러벨

15세기 포르투갈 사람들은 길이가 20m쯤 되고 승무원이 25명쯤 되는 '캐러벨' 이라는 작은 범선으로 항해했다. 초기의 캐러벨은 삼각형 돛을 단 연안 항해용이었지만, 대양 항해에는 사각형 돛을 단 배를 사용했다. 사각형 돛배는 좁은 곳에서는 날렵하지 못하지만, 넓은 바다에서는 빠른 속도를 낼 수 있었다.

케러벨

지도 설명 (상단)

아조레스 제도

리스본

타호 강

다 가마, ⑭ 아조레스 제도를 거쳐 고향으로 향한다.

디아스, 1487년 8월, 2척의 캐러벨과 충분한 양식을 실은 1척의 화물선을 이끌고 출발한다.

다 가마, 1497년 7월, 4척의 배에 150명을 태우고 인도를 향해 떠난다.

❶ 카나리아 제도

캉, 1485년 6월, 아프리카 해안의 해도를 작성하려고 포르투갈을 떠난다.

보하도르 곶

카보 베르데

다 가마, 카보베르데에서 1주일간 머무른다. ②

캉, 물자 공급을 받으려고 포르투갈의 무역 기지인 엘미나(광산)에 머무른다. ②

엘미나

다 가마, 해안 근처의 강한 바람을 피하려고 육지에서 멀리 떨어진 남대서양을 항해한다. ③

대 서 양

디아스, 엘미나를 떠나 기니 만을 지나 콩고 강으로 향한다.

파드라오

디오고 캉

1485년, 포르투갈의 항해자인 디오고 캉은 크로스 곶에 이르러 포르투갈 왕인 주앙 2세의 문장을 새긴 파드라오(왼쪽 그림)를 세웠다. 다른 선장들이 무역으로 빨리 돈을 벌어 안전하게 돌아가려고 해안을 따라 짧은 거리만 항해한 데 비해 캉은 위험을 무릅쓰고 더 남쪽으로 내려갔다.

포르투갈 사람들의 나침반

왼쪽 그림은 18세기의 나침반인데, 포르투갈 사람들이 사용한 것은 이보다 더 간단했다. 자성을 가진 철로 만든 바늘이 있어서 자유롭게 움직이도록 놓아두면 대충 남북을 가리켰다. 이것으로 배가 나아가는 방향을 알 수 있었다.

바르톨로뮤 디아스

디아스는 인도까지의 바닷길을 찾는 디오고 캉의 임무를 이어받아 항해하면서 오른쪽 그림 같은 파드라오를 해안 곳곳에 세웠다. 그는 캉보다 더 남쪽으로 항해하여 1488년에는 아프리카를 돌아 인도양에 이른 최초의 유럽인이 되었다. 계속 항해해서 인도까지 가려고 했지만, 겁먹고 지친 선원들 때문에 돌아갈 수밖에 없었다.

지중해

아시아

아 프 리 카

인도

북 서 동 남

아라비아 반도

탐험한 길

캉	1485~86년	❶
디아스	1487~88년	◆
다 가마	1497~98년	❶

다 가마, 인도를 떠난다. 바람을 거슬러 항해해야 하기 때문에 돌아가는 길이 훨씬 더디다.

다 가마의 배들 가운데 하나인 상 라파엘 호가 배를 움직일 사람이 부족해서 불태워진다. 다 가마, 고향을 향해 항해한다.

⑫

캘리컷

⑪

다 가마, 1498년 5월, 인도에 도착한다. 캘리컷의 통치자를 만난다.

⑬

모가디슈

다 가마, 알맞은 바람과 아랍 안내자의 도움으로 인도까지 쉽게 항해한다.

말린디

몸바사

⑨

다 가마, 활발한 무역 중심지인 몸바사에 도착한다. 이곳에서의 무역이 환영받지 못함을 알고 말린디까지 항해를 계속한다.

다 가마 (☆1460~1524)

강, 강을 거슬러 올라가 아프리카 콩고 족의 왕국에 이른다.

④

콩고 강

강, 콩고 강 어귀에 이르러 파드라오를 세운다.

산타마리아 곶

③

니그로 곶

캉, 1485년, 크로스 곶에 그의 마지막 파드라오를 세운다. 그는 이곳에서 죽었거나, 돌아가는 항해 도중에 죽었다.

크로스 곶

다 가마, 모잠비크 항에 이르러 물건을 가득 실은 아랍 사람들의 다우(돛단배) 4척을 발견한다.

모잠비크

⑧

⑦ 다 가마, 나탈을 지나 해안에 파드라오를 세운다.

⑤

월비스베이

마다가스카르

인 도 양

바스코(바스쿠) 다 가마

포르투갈의 항해자 디아스가 인도양까지 갔다 온 뒤 포르투갈은 무역을 위한 본격적인 탐험대를 보낸다. 바스코 다 가마는 1498년, 인도의 서남쪽 캘리컷에 도착, 바닷길로 인도에 도착한 최초의 유럽인이 된다. 그러나 이슬람 상인들이 이미 그곳에서 무역을 장악하고 있었기 때문에 인도와 좋은 무역 관계를 맺을 수 없었다.

디아스 1488년, 비스베이로 나아간다. 고향으로 떠난다.

⑥

다 가마, 세인트헬레나 만 근처에서 다시 해안으로 돌아간다.

③ 디아스, 화물선을 월비스베이에 두고 호텐토트 족의 마을을 방문한다.

세인트헬레나 만

⑥ 다 가마, 해안을 따라 북쪽으로 항해하려 했으나, 바람과 빠른 해류 때문에 남쪽으로 밀려간다.

⑤ 디아스, 인도양으로 들어가는데, 부하들의 위협 때문에 돌아가게 된다. 떠나기 전에 파드라오를 세운다.

희망봉

알고아베이

무역 상품

상아로 만든 왼쪽의 소금 그릇처럼 당시 아프리카인들은 포르투갈 선장과 선원들을 무섭게 생각했다. 소금 그릇은 포르투갈 상인들의 총이나 옷감과 바꾼 것 같다.

디아스, 거친 폭풍 속에서 돛을 내리고 희망봉 남쪽을 지난다. 폭풍이 그치자 모셀베이에 상륙하여 그곳 호텐토트 족과 무역해 식품을 구한다.

다 가마, 희망봉을 돌아 모셀베이에서 닻을 내린다. 호텐토트 족으로부터 소 한 마리를 사는데, 선원들이 그들의 물을 훔쳐 싸우게 된다.

1488년, 디아스는 폭풍 속에서 처음으로 아프리카 남쪽 끝에 있는 희망봉을 돌았다.

인도의 바스코 다 가마

1498년, 인도에 도착한 바스코 다 가마는 인도와 무역 관계를 잘 맺지 못했다. 캘리컷의 통치자에게 줄 선물도 부족했고, 인도와의 무역을 장악하고 있던 이슬람 상인들이 새로 온 기독교인들에 적개심을 품고 있어서였다. 몇 년 뒤, 포르투갈 사람들은 무력으로 인도양 지역의 무역권을 차지하려고 더 튼튼한 배와 더 강력한 무기를 가지고 인도로 돌아왔다. 1502년에 인도로 돌아온 바스코 다 가마는 캘리컷에서 포르투갈 상인을 죽인 데 대한 보복으로 이슬람의 배들을 모두 부숴 버렸다.

0 400 800 1200 km

콜럼버스와 신대륙
Columbus and the New World

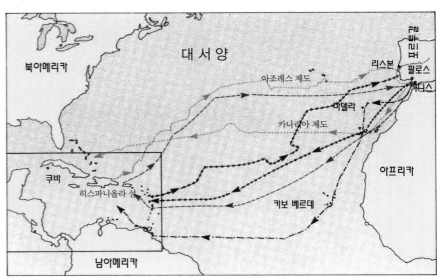

포르투갈 사람들이 아프리카의 남쪽 끝을 돌아 아시아에 이르는 항로를 개척하는 동안 크리스토퍼 콜럼버스는 다른 길을 생각했다. 지구가 둥글기 때문에 반대쪽으로 가도 아시아에 도착할 것이라고 믿고 서쪽으로 항해하기로 결심했다. 마침내 1492년, 에스파냐의 왕 페르디난트와 왕비 이사벨 1세의 후원을 받아 출발했다. 당시에는 유럽과 아시아, 아프리카로 이루어진 하나의 커다란 대륙이 세계의 대부분을 차지하고 있다고 생각하여 아메리카 대륙이 있다는 것은 상상도 못했다. 그래서 콜럼버스는 틀림없이 아시아라고 생각한 섬들에 도착하여 아시아 대륙에서 가까운 동인도 제도로 다가가고 있다고 생각했다. 콜럼버스는 아시아가 아닌 신대륙을 발견했다는 사실을 깨닫지 못한 채 네 차례나 대서양을 횡단했다.

대서양 항해(1492~1504)
위의 지도는 콜럼버스가 대서양을 횡단한 항로이다. 첫 번째 항해 때는 쿠바의 와틀링 섬과 히스파니올라 섬에 이르고, 두 번째에는 히스파니올라 섬에서 머무르며 자메이카를 탐험하고, 세 번째에는 트리니다드에 이르렀다. 1502년의 네 번째 항해는 아시아를 발견하려는 마지막 시도였다. 중앙아메리카에 상륙했으나 그 발견의 중요성을 깨닫지 못한 채 1504년에 에스파냐로 돌아갔다.

탐험한 길		
첫 번째 탐험	1492~93년	①
두 번째 탐험	1493~96년	⑤
세 번째 탐험	1498~1500년	⑩
네 번째 탐험	1502~04년	⑬

크리스토퍼 콜럼버스
이탈리아 북부의 항구 도시 제노바에서 태어난 크리스토퍼 콜럼버스는 젊었을 때 15세기 유럽의 항해 중심지였던 포르투갈의 리스본으로 갔다. 그곳에서 그는 포르투갈 사람들을 위해 해도를 그려주며 아시아를 향해 서쪽으로 항해하는 원대한 계획을 세우기 시작했다.

콜럼버스(1451~1506)

기도하는 이상한 나라 사람들
15세기 에스파냐 사람들의 배에서는 종교 의식이 생활의 한 부분이었다. 콜럼버스는 하나님이 자기를 이끌어 준다고 믿었고, 배를 탄 모든 사람들은 하루에 두 번씩 기도회에 참석했다. 선원들이 파인즈 섬에서 종교 의식을 치르는데, 원주민들이 이 이상한 의식을 지켜보고 있다. (위 그림)

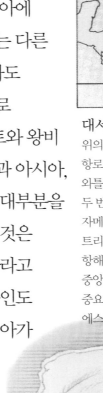

신세계 발견
서인도 제도에 도착했을 때 콜럼버스는 그곳이 자기가 바라던 부유한 무역 도시가 아니라는 사실을 알고 실망했지만, 그곳에서 많은 것을 발견했다. 그와 그의 부하들은 '인도 수수'라고 부른 사탕수수를 처음 맛보았고, 쿠바의 아라와크 족 사람들이 식물의 말린 잎(담뱃잎)을 둥글게 말아 튜브에 넣고 불을 붙여 연기를 피우는 모습을 보고 신기해했다.

⑦ 콜럼버스, 자메이카를 떠나 쿠바 해안을 따라 서쪽으로 항해하며 거북을 본다. 그리고 처음으로 플라밍고(홍학)를 본다. 쿠바가 아시아 대륙의 일부가 아니라 하나의 섬이라는 사실을 깨닫지 못한 채 돌아간다.

⑮ 콜럼버스, 중앙아메리카 해안 근처의 바이아 제도에 도착한다. 폭풍우 치는 동쪽 바다를 향해 나아간다.

⑯ 콜럼버스, 곶을 돌아 잔잔한 바다에 이른다. 그 곳을 '하나님께 감사'라는 뜻의 '그라시아스아디오스 곶'이라 이름 짓는다.

⑰ 콜럼버스, 리오그란데 강에 닻을 내린다. 부하 둘이 장작과 물을 가지러 바닷가로 가려다 물에 빠져 죽는다.

⑲ 콜럼버스, 적대적인 원주민들 때문에 베렌을 떠난다.

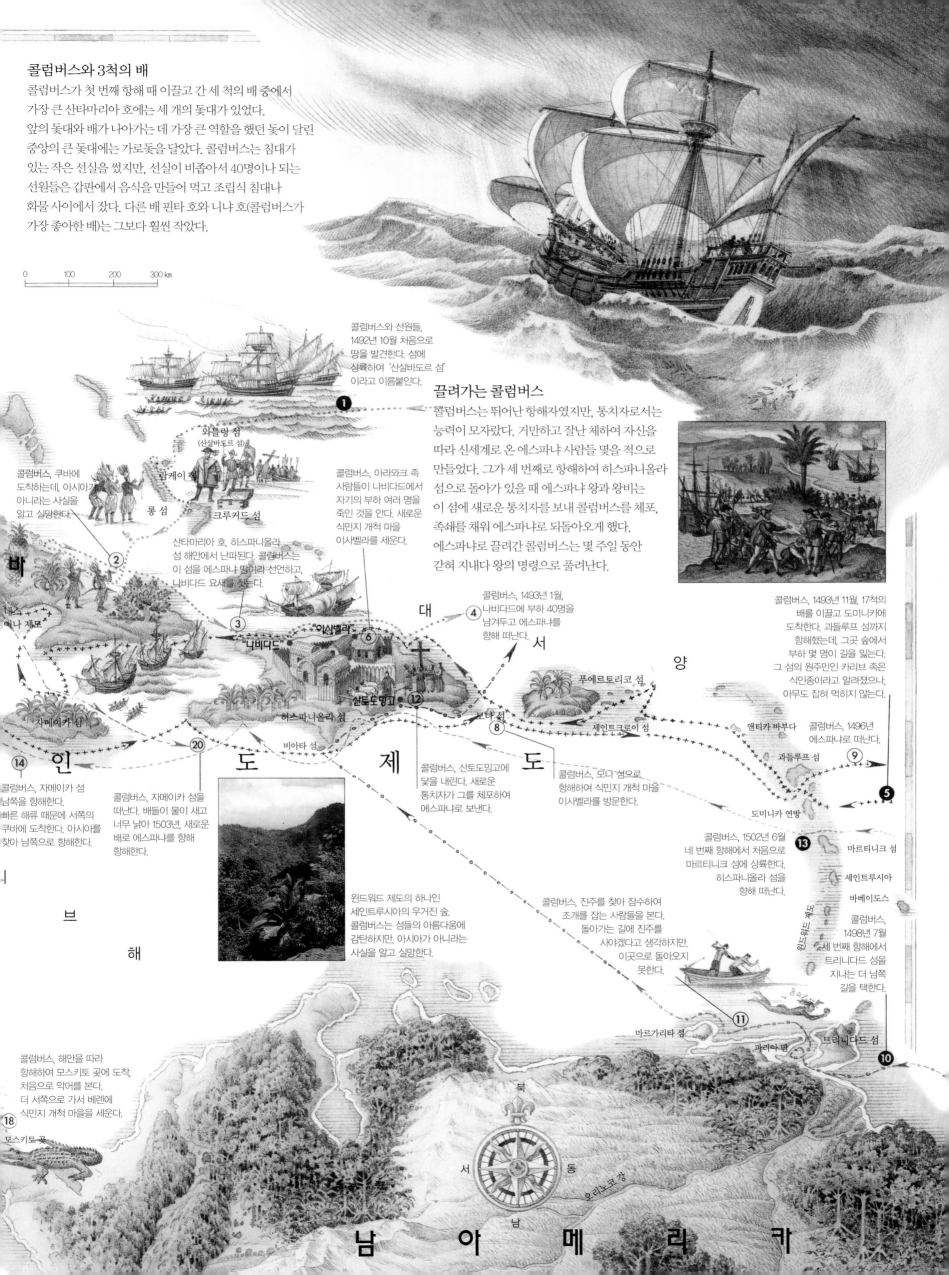

콜럼버스와 3척의 배

콜럼버스가 첫 번째 항해 때 이끌고 간 세 척의 배 중에서 가장 큰 산타마리아 호에는 세 개의 돛대가 있었다. 앞의 돛대와 배가 나아가는 데 가장 큰 역할을 했던 돛이 달린 중앙의 큰 돛대에는 가로돛을 달았다. 콜럼버스는 침대가 있는 작은 선실을 썼지만, 선실이 비좁아서 40명이나 되는 선원들은 갑판에서 음식을 만들어 먹고 조립식 침대나 화물 사이에서 잤다. 다른 배 핀타 호와 니냐 호(콜럼버스가 가장 좋아한 배)는 그보다 훨씬 작았다.

0 100 200 300 km

콜럼버스와 선원들, 1492년 10월 처음으로 땅을 발견한다. 섬에 상륙하여 '산살바도르 섬'이라고 이름붙인다. ❶

끌려가는 콜럼버스

콜럼버스는 뛰어난 항해자였지만, 통치자로서는 능력이 모자랐다. 거만하고 잘난 체하여 자신을 따라 신세계로 온 에스파냐 사람들 몇을 적으로 만들었다. 그가 세 번째로 항해하여 히스파니올라 섬으로 돌아가 있을 때 에스파냐 왕과 왕비는 이 섬에 새로운 통치자를 보내 콜럼버스를 체포, 족쇄를 채워 에스파냐로 되돌아오게 했다. 에스파냐로 끌려간 콜럼버스는 몇 주일 동안 갇혀 지내다 왕의 명령으로 풀려난다.

외틀링 섬 (산살바도르 섬)

람케이 섬

롱 섬

크루커드 섬

콜럼버스, 쿠바에 도착하는데, 아시아가 아니라는 사실을 알고 실망한다. ②

콜럼버스, 아라와크 족 사람들이 나비다드에서 자기의 부하 여러 명을 죽인 것을 안다. 새로운 식민지 개척 마을 이사벨라를 세운다.

산타마리아 호, 히스파니올라 섬 해안에서 난파된다. 콜럼버스는 이 섬을 에스파냐 땅이라 선언하고, 나비다드 요새를 짓는다. ③

바하마 제도

"이사벨라" ⑥

"나비다드"

산토도밍고 ⑫

콜럼버스, 1493년 1월, 나비다드에 부하 40명을 남겨두고 에스파냐를 향해 떠난다. ④

대   서   양

콜럼버스, 1493년 11월, 17척의 배를 이끌고 도미니카에 도착한다. 과들루프 섬까지 항해했는데, 그곳 숲에서 부하 몇 명이 길을 잃는다. 그 섬의 원주민인 카리브 족은 식인종이라고 알려졌으나, 아무도 잡혀 먹히지 않는다.

푸에르토리코 섬

히스파니올라 섬

비아타 섬

모나 섬 ⑧

세인트크로이 섬

앤티카 바부다

과들루프 섬 ⑨

콜럼버스, 1496년 에스파냐로 떠난다.

자메이카 섬

⑭

⑳

인   도   제   도

콜럼버스, 자메이카 섬 남쪽을 항해한다. 빠른 해류 때문에 서쪽의 쿠바에 도착한다. 아시아를 찾아 남쪽으로 항해한다.

콜럼버스, 자메이카 섬을 떠난다. 배들이 물이 새고 너무 낡아 1503년, 새로운 배로 에스파냐를 향해 항해한다.

콜럼버스, 산토도밍고에 닻을 내린다. 새로운 통치자가 그를 체포하여 에스파냐로 보낸다.

콜럼버스, 모나 섬으로 항해하여 식민지 개척 마을 이사벨라를 방문한다.

도미니카 연방

❺

콜럼버스, 1502년 6월 네 번째 항해에서 처음으로 마르티니크 섬에 상륙한다. 히스파니올라 섬을 향해 떠난다. ⑬

마르티니크 섬

세인트루시아

바베이도스

윈드워드 제도의 하나인 세인트루시아의 우거진 숲. 콜럼버스는 섬들의 아름다움에 감탄하지만, 아시아가 아니라는 사실을 알고 실망한다.

콜럼버스, 진주를 찾아 잠수하여 조개를 잡는 사람들을 본다. 돌아가는 길에 진주를 사야겠다고 생각하지만, 이곳으로 돌아오지 못한다.

콜럼버스, 1498년 7월 세 번째 항해에서 트리니다드 섬을 지나는 더 남쪽 길을 택한다.

마르가리타 섬 ⑪

파리아 만

트리니다드 섬 ⑩

콜럼버스, 해안을 따라 항해하여 모스키토 곶에 도착, 처음으로 악어를 본다. 더 서쪽으로 가서 베렌에 식민지 개척 마을을 세운다.

⑱ 모스키토 곶

북

서   동

남

오리노코 강

남   아   메   리   카

북서 항로
The North-West Passage

15세기 유럽인들이 항해를 했던 가장 큰 목적은 극동까지 가는 바다 무역 항로를 찾는 것이었다. 포르투갈인들은 아프리카를 돌아 동쪽으로 가는 길을, 에스파냐인들은 남아메리카를 돌아 서쪽으로 가는 길을 발견했지만, 모두 아주 멀고 어려운 항로였다. 그래서 영국과 네덜란드는 유럽에서 동쪽으로 시베리아 북쪽을 지나는 북동 항로와 유럽에서 서쪽으로 북아메리카 북쪽을 지나는 북서 항로를 찾으려고 노력했다. 북서 항로를 찾는 데 앞장섰던 영국인들은 300년 이상 지금의 미국과 캐나다 해안을 탐험했다. 19세기 들어 존 프랭클린 경의 탐험대가 이 항로를 찾아 떠났지만 행방불명되었고, 대신 프랭클린의 배들을 찾아 나선 사람들이 북서 항로를 발견했다. 그리고 1906년, 노르웨이의 탐험가 로알 아문센이 이 항로를 항해했다. 북서 항로는 일 년 내내 얼음에 덮여 있어서 자주 이용되지는 않았다.

조반니 (존) 카보토

이탈리아의 항해자 카보토도 콜럼버스처럼 서쪽으로 항해하면 동양에 이를 수 있다고 믿었다. 그는 1497년, 영국 브리스틀 상인들의 후원을 받아 마태 호를 타고 항해에 나선 뒤 캐나다의 뉴펀들랜드에 도착하여 그곳이 아시아라고 생각해서 의기양양하게 영국으로 돌아갔다. 1498년 다시 항해에 나섰지만 비참하게 끝났다. 카보토는 그 뒤 실종되었다.

마틴 프로비셔

영국의 모험가 프로비셔는 1576년, 북서 항로를 찾아 항해했다. 캐나다 해안 근처에서 오늘날 프로비셔 만이라고 불리는 후미진 바다를 발견했지만, 그의 탐험은 그들이 금이라고 생각한 번쩍거리는 돌을 발견하면서 그곳에서 끝났다. 그들은 그 돌을 배에 가득 싣고 고향으로 돌아갔지만, 알고 보니 구리 광석이었다.

프로비셔(☆1535~1594)

헨리 허드슨

영국인 허드슨은 여러 차례 북서 항로와 북동 항로를 찾아 항해했다. 네덜란드를 위해 허드슨 강을 발견했는데, 네덜란드인들이 그 강어귀에 정착하여 이룬 마을이 오늘날의 뉴욕이다. 그는 1610년, 영국을 위해 북서 항로를 찾는 항해를 떠나 돌아오지 못했다.

허드슨, 1611년에 죽음

허드슨 만에서의 반란

1610년 8월, 허드슨은 오늘날의 캐나다에서 좁은 수로를 발견했다. 이 수로를 따라 내려가면 태평양에 이를 것이라고 생각했지만, 정작 가 보니 육지에 둘러싸인 넓은 바다에 이를 뿐이었다. 그는 이 바다를 자신의 이름을 따서 '허드슨 만'이라고 했다. 그리고 그 만의 동쪽 해안을 따라 내려갔는데, 그만 그곳에서 얼음에 갇혀 선원들과 함께 비참한 겨울을 보냈다. 마침내 여름이 되어 얼음이 녹아 배가 움직일 수 있게 되었지만, 허드슨이 식량을 숨겨 놓고 지냈다고 생각한 부하들이 반란을 일으켰다. 그들은 허드슨과 그의 어린 아들, 그리고 허드슨에게 충성스러운 7명의 선원들을 노가 없는 작은 배에 태워 남겨 두고 가 버렸다.

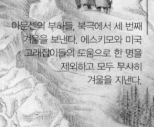

프랭클린이 1845~46년의 겨울을 보낸 캐나다 북극 지방의 비치 섬

아문센, 1906년 8월, 베링 해협을 지나 놈에 도착함으로써 북서 항로 항해에 성공한다.

프랭클린 탐험대, 1845년, 비치 섬에 캠프를 세운다.

프랭클린, 킹윌리엄 섬 서쪽을 항해한다. 1846년 9월, 배들이 얼음에 갇힌다. 일행이 모두 죽는다.

베링 해협

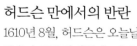

베링 해

놈

북극권

멜빌 섬

뱅크스 섬

비치 섬

빅토리아 섬

킹윌리엄 섬

프랭클린 여기에서 배를 버린다.

그조아헤븐

아문센의 부하들, 북극에서 세 번째 겨울을 보낸다. 에스키모와 미국 고래잡이들의 도움으로 한 명을 제외하고 모두 무사히 겨울을 지낸다.

매켄지 강

아문센의 탐험대, 그조아헤븐에서 두 번째 겨울을 지낸다. 개 썰매 사용법과 에스키모의 생활을 배운다.

태

평

양

북

서 동

남

북아

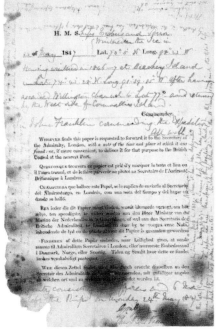

프랭클린(1786~1847)

마지막 서류

1859년, 킹윌리엄 섬에 묻혀 있는 양철통 속에서 발견된 오른쪽의 서류는 프랭클린 탐험대의 비참했던 마지막 나날들을 보여준다. 프랭클린의 두 승무원이 서명한 이 서류에는 프랭클린이 1847년에 죽었고, 탐험대의 두 척의 배가 얼음에 갇힌 지 1년 반 뒤 선원들이 남쪽으로 가 살 길을 찾으려 했다고 기록되어 있다. 그러나 한 사람도 살아남지 못했다.

존 프랭클린

존 프랭클린은 1845년, 북서 항로 발견을 끝내려는 중요한 탐험을 자원했다. 당시 그는 7년간의 태즈메이니아 총독 임무를 마치고 정년퇴직의 나이가 지나 있었다. 그러나 영국 해군 본부는 탐험가와 해군 장교로서의 그의 경험을 높이 평가했다. 1845년 5월 출발한 프랭클린은 끝내 돌아오지 못했다.

프랭클린 수색

1846년에 프랭클린 탐험대가 실종되자 그들을 찾으려는 국제적인 노력이 펼쳐지면서 1850년에는 프랭클린을 찾는 배가 북극에 14척이나 있었다. 프랭클린의 부인 역시 여러 탐험대를 보냈다. 프랜시스 매클린톡은 '폭스 호' (프랭클린 부인의 작은 증기선)를 타고 이 탐험대 가운데 하나를 이끌었다. 1859년, 그의 부하 가운데 일부가 킹윌리엄 섬에서 돌 더미 속에 묻혀 있는 양철통을 발견했다. 그 속에 프랭클린에게 어떤 일이 있었는지 알려주는 서류(왼쪽 사진)가 들어 있었다.

약품 상자

매클린톡 탐험대가 킹윌리엄 섬에서 발견한 오른쪽의 약품 상자는 프랭클린 탐험대의 배에 있던 것이다. 약솜, 오래 된 약병, 배가 아플 때 먹었던 생강 등이 들어 있었다.

프로비셔, 1576년 6월, 아이슬란드 남쪽을 지나 그린란드를 발견하고 신대륙이라 생각한다. ◆1

허드슨, 1610년, 디스커버리 호로 런던을 출발하여 서쪽으로 항해한다. 그린란드의 남해안 쪽으로 가까이 간다. ❶

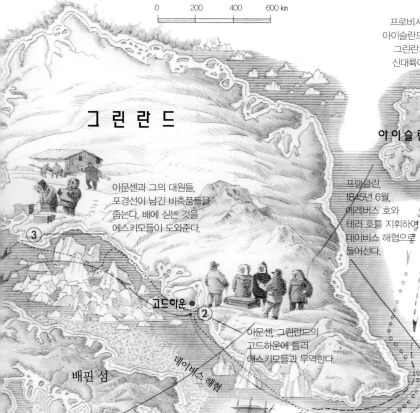

그 린 란 드

아문센과 그의 대원들, 포경선이 남긴 비축품들을 줍는다. 배에 싣는 것을 에스키모들이 도와준다. ③

프랭클린, 1845년 6월, 에레버스 호와 테러 호를 지휘하여 데이비스 해협으로 들어선다. ❶

아문센, 1903년, 노르웨이에서 요아 호를 타고 항해를 떠난다. 그는 현명하게도 선원이 여섯 명밖에 안 되는 작은 배를 선택했다. ❶

아이슬란드

고드하운 ②
아문센 그린란드의 고드하운에 들러 에스키모들과 무역한다.

데이비스 해협

배핀 섬

프로비셔와 그의 부하들, 금이라고 생각되는 돌들을 발견해 배에 가득 싣고 고향으로 돌아간다. ③
프로비셔 만 ③

허드슨 해협

허드슨, 넓고 소용돌이치는 바다 같은 허드슨 만에 들어선다. ②

허드슨 만

디스커버리 호, 겨울 동안 얼음에 갇힌다. 다음 해 6월, 부하들이 반란을 일으켜 허드슨을 만에 버려진다. ③

메 리 카

프로비셔, 에스키모들을 만나 그들을 중국 사람이라고 생각한다. 한 명을 사로잡아 영국으로 돌아가는데, 감기에 걸려 죽는다. ②

대 서 양

프랭클린의 배 에레버스 호(32m)

아문센의 배 요아 호(21m)

북서 항로 개통

대서양에서 태평양에 이르는 북서 항로를 최초로 완전하게 항해한 배는 노르웨이의 고래잡이 포경선 요아 호였다. 프랭클린의 에레버스 호의 8분의 1쯤 되는 요아 호의 탐험대장은 훗날 처음으로 남극에 도착한 노르웨이의 탐험가 로알 아문센이었다. 요아 호는 1903년, 5년치의 식량을 싣고 노르웨이를 출발했다. 이 탐험 동안 아문센은 겨울을 세 번이나 북극에서 보내면서 에스키모의 생활과 여행 방법을 배웠다.

카보토, 1497년 6월 24일, 뉴펀들랜드를 본다. 바구니로 떠서 잡을 수 있을 만큼 대구가 많은 그랜드 뱅크스 어장을 발견한다. ❶

뉴펀들랜드

카보토, 물자가 떨어져서 돌아가지 않을 수 없게 된다. ②

탐험한 길		
카보토	1497년	❶ ◆-◇-◆-◇
프로비셔	1576년	◆
허드슨	1610년~11년	❶
프랭클린	1845년~47년	❶
아문센	1903년~06년	❶

북동 항로
The North-East Passage

유럽에서 북동으로 항해하여 북극으로 들어가 태평양과 아시아에 이르는 항로이다. 네덜란드인들은 16세기에 북시베리아 해안을 따라 동쪽으로 항해, 모스크바 대공국(러시아)과 무역을 시작했다. 그들은 콜라 근처에 무역 기지를 건설하고, 동쪽으로 조금씩 더 나아가 1584년에는 노바야젬랴 섬에 도착했다. 1596년에는 빌렘 바렌츠의 탐험대가 동쪽으로 더 멀리 나아갔지만, 네덜란드는 이것을 끝으로 무서운 얼음 바다로 진출을 포기했다. 그래서 17세기에 러시아의 탐험가 세미욘 데주네프가 북극 해안을 탐험할 때까지는 북동 항로의 존재를 확신하지 못했다. 1879년에는 핀란드의 탐험가 닐스 노르덴시욀드가 고래잡이 포경선으로 이 항로를 완전히 개척했다.

빌렘 바렌츠

네덜란드 해안 근처의 섬에서 태어난 바렌츠는 일류 항해사였다. 1594년, 야코브 반 헴스케르크 선장의 북동 항로 탐험대의 수로 안내인으로 뽑혀 카라 해까지 이르렀지만, 이후 두 번의 항해는 별 성과가 없었다. 날씨가 지독하게 춥고, 두꺼운 얼음을 헤치고 나아가기가 힘들었기 때문이다.

바렌츠(1550~1597)

북극에서 겨울나기

바렌츠의 탐험대는 1596년의 세 번째 항해 때 카라 해로 들어섰다가 겨울 내내 얼음에 갇혀 지내게 되었다. 바다 위를 떠다니다가 얼음에 박힌 통나무들을 모아 오른쪽 그림 같은 오두막을 지었다. 오두막에는 커다란 난로와 통으로 만든 터키식 욕조가 있었지만, 날씨가 너무 추워 잠자리에 고드름이 매달렸다. 배에 있던 식품과 사냥한 동물을 먹으며 북극에서 겨울을 지낸 최초의 유럽인들이었다.

고래잡이들의 항해일지

고래잡이들과 바다표범잡이들은 북극의 바다에서 잡은 것들을 팔아 생활한 최초의 유럽인들이었다. 그들은 가끔 이 지역에서 새로운 발견을 하여 항해일지에 기록했다. 왼쪽의 19세기 고래잡이 항해일지는 그날그날의 항해와 수확에 대한 것들을 자세히 알려준다. 두 개의 고래 꼬리 그림과 크기가 나타나 있다.

탐험한 길
바렌츠	1596~98년	
데주네프	1648년	
노르덴시욀드	1878년~79년	

0 200 400 600 800 km

바렌츠, 베어 섬(곰섬)을 발견한다. 이 이름은 북극곰과의 오랜 싸움 때문에 붙여졌다.

바렌츠, 더 북쪽으로 항해하여 스피츠베르겐 제도를 발견한다. 여기에서 처음으로 순록을 본다.

바렌츠 일행, 노바야젬랴 섬의 북쪽을 항해하는데, 배가 얼음에 갇힌다. 1596년 9월, 겨울을 나기 위해 해안에 오두막을 짓는다.

대 서 양

영국 제도

북 해

암스테르담
바렌츠, 1596년 5월, 네덜란드 탐험대와 출발한다.

베가 호, 1878년 6월 카를스크로나를 떠난다.

에테보리

카를스크로나

노르덴시욀드, 1878년 7월 베가호를 타고 탐험을 시작한다.

튼롬쇠

콜라

바렌츠 해

바렌츠의 선원들, 1597년 7월, 콜라에 도착한다. 바렌츠는 이곳으로 오다가 죽는다.

노바야젬랴 섬

카라 해

하바로보

노르덴시욀드 하바로보에 들른다. 사모예드 족 사람들이 잔디에 덮인 오두막에서 순록과 함께 살고 있다.

유 럽

지 중 해

흑 해

노르덴시욀드 지중해에 이르러 고향으로 항해한다.

아

오브 강

시

닐스 노르덴시월드

핀란드에서 태어나 스웨덴에 이주한 노르덴시월드는 지질학과 화학을 공부했다. 북극을 여러 차례 탐험하여 북동 항로 항해에서 마주치는 혹독한 날씨, 짙은 안개, 위험한 얼음 사이의 뱃길 등에 익숙했던 그는 1878년 7월, 베가 호를 타고 노르웨이를 떠나 1년 뒤 태평양에 도착했다. 북동 항로 항해에 성공한 최초의 탐험가가 된 것이다.

노르덴시월드(1832~1901)

첼류스킨 곶에서

베가 호의 항해는 북동 항로 항해뿐만 아니라 과학 탐험으로서도 중요했다. 승무원들은 항해 지역을 과학적으로 관찰했는데, 아시아 대륙의 북쪽 끝인 첼류스킨 곶에 이르렀을 때는 그곳에 기념비(오른쪽 그림)를 세우고 특별한 기구를 이용하여 땅을 측량했다. 이때 그들이 가져온 정보는 나중에 이 지역의 지도를 제작하는 데 이용되었다.

바렌츠는 1596년, 위험한 얼음 바다를 지나 스피츠베르겐 제도까지 항해한 최초의 유럽인이 되었다.

노르덴시월드, 첼류스킨 곶을 돌아 만에서 베가 호의 닻을 내린다. 선원들과 함께 해안에 기념비를 세운다.

베가 호, 1878년 9월, 얼음 속으로 들어가 데주네프 곶에서 200km도 안 되는 콜류킨 만에서 얼음에 갇힌다. 배와 선원들, 겨울을 이곳에서 지낸다.

노르덴시월드, 셸라크스키 곶까지 항해한다. 추크치 족 사람들이 순록 가죽으로 만든 카누를 타고 나와 자기네 마을로 초대한다.

베가 호, 1879년 7월, 얼음에서 풀려나 베링 해협으로 항해한다. 노르덴시월드, 단 2개월이면 북동 항로를 항해할 수 있음을 증명했다.

데주네프, 지금 '데주네프 곶' 이라 부르는 곳을 돌아 아나디리 강까지 항해한다. 그 뒤 곧 배가 난파되어 육지로 여행을 계속한다.

데주네프 '코치' 를 타고 콜리마 강을 내려가 강어귀에 이른다. 북동쪽으로 향한다.

노르덴시월드, 온 길과는 달리 인도양을 지나는 항로로 유럽으로 돌아간다.

베가 호

노르덴시월드가 사용한 베가 호는 1872년에 독일에서 만들어진 300톤급 포경선이었다. 선체는 단단한 참나무로 만들었고, 선체 외부는 얼음의 충격에 견디도록 더 강한 나무로 덮여 있었다. 돛 외에 강력한 증기기관도 있었다. 북동 항로 항해를 마친 뒤 베가 호는 다시 포경선으로 사용되었다.

추크치 족

시베리아 북동부에서 사는 원주민이다. 순록을 몰고 여기저기 옮아 다니기도 했지만, 대부분 땅을 파서 만든 오두막에서 사냥과 고기잡이를 하며 살았다. 노르덴시월드의 탐험대는 추크치 족을 셸라크스키 곶에서 처음 보았다. 노르덴시월드와 그의 선원들에게 매우 친절했으며, 길 찾는 것을 도와주었다.

세미욘 데주네프

아시아의 북동쪽 끝 '데주네프 곶' 은 러시아의 탐험가 세미욘 데주네프의 이름을 땄다. 데주네프는 1648년, 밑바닥이 평평한 작은 배 '코치' 를 타고 북극해 연안의 콜리마 강에서 동쪽으로 항해한 뒤 이 곳을 돌아 베링 해협을 지나 태평양 연안의 아나디리 강을 향해 남하했다고 한다. 그러나 불행히도 데주네프의 기록이 없어져 자세한 내용은 알려지지 않았다.

쇄빙선(바다의 얼음을 깨어 뱃길을 여는 배)이 등장하면서 북동 항로는 위험한 해역에서 대형의 배가 자주 다니는 중요 상업 항로로 바뀌었다.

시베리아 탐험
Across Siberia

18세기 초, 러시아의 표트르 대제는 동쪽에 광대하게 펼쳐져 있는 시베리아를 러시아의 지배 아래 두기로 결심했다. 이렇게 하면 러시아가 태평양 쪽에 좋은 항구를 가질 수 있었기 때문이다. 그는 또 아시아가 북아메리카와 연결되어 있는지 알고 싶었다. 황제는 1724년, 비투스 베링을 시베리아 동쪽에 있는 캄차카로 보냈다. 북쪽으로 항해, 북아메리카와 아시아가 연결되어 있는지 알아보기 위해서였다. 그러나 베링은 사실을 확인하지 못하고 돌아왔다. 1734년, 베링은 다시 '북방 대탐험' 이라는 야심찬 계획에 참가했다. 이 계획의 목적은 알래스카와 지금의 베링 해로 가서 시베리아의 북극해 연안을 탐험하는 것이었다.

비투스 베링

덴마크 사람인 베링은 노르웨이 사람인 러시아의 해군 제독(표트르 대제는 외국인을 많이 고용했다)을 만난 뒤 러시아 해군에 들어가기로 결심했다. 1730년, 캄차카 탐험을 마치고 상트페테르부르크로 돌아왔지만, 아시아와 아메리카가 하나의 대륙인지 아닌지 확인하는 임무를 완수하지 못했다. 1734년, '북방 대탐험' 에 참가하여 다시 항해를 떠난다.

베링(1681~1741)

북방 대탐험

상트페테르부르크에 있는 러시아 제국 해군 대학이 계획한 이 탐험에서 베링은 시베리아를 가로질러 태평양까지 여행했고, 북쪽 해안 탐험은 젊은 러시아 장교들이 맡았다. 해안은 ①아르항겔스크~오브 강(무라비요프와 파블로프, 그 다음에 말긴이 탐험), ②오브 강~예니세이 강(오프친이 탐험), ③예니세이 강~타이미르 반도 끝(미닌, 다음엔 라프초프가 탐험), ④레나 강 서쪽~타이미르 반도(프로친체프, 다음엔 첼류스킨이 탐험), ⑤레나 강~이스트 곶을 돌아 아나디리 강(드미트리 라프체프가 탐험)으로 나누어 탐험했다. 이 탐험들을 마치는 데 거의 10년이 걸렸다.

무라비요프와 파블로프, 1734년부터 1735년까지 드비나 강에서 해안을 따라 160km를 항해한다. 해군 대학은 이 결과에 만족하지 못해 말긴으로 하여금 오브 강까지 항해하게 한다.

미닌, 1740년 7월, 예니세이스크에서 출발한다. 길이 얼음에 계속 막혀 돌아가게 된다.

첼류스킨, 1742년 지금 첼류스킨 곶이라고 불리는 러시아 북쪽 끝까지 여행을 마친다.

오프친, 오브 강 어귀를 지나는 데 3년이나 걸린다. 마침내 1737년, 예니세이 강에 도착한다.

베링, 1725년 2월, 조랑말들이 끄는 썰매에 물자를 싣고 상트페테르부르크를 떠난다.

시베리아의 모피

표트르 대제는 시베리아에서 담비(오른쪽) 같은 동물의 모피(털가죽)가 많이 난다는 이야기를 들었다. 그리고 베링이 알래스카를 발견한 1741년 이후 몇 년 뒤 모피 상인들과 사냥꾼들이 알래스카로 항해하기 시작하면서 베링이 발견한 페트로파블로프스크 항은 모피 무역의 중심지가 되었다. 지금도 이곳에서는 사냥꾼들이 모피 무역을 하고 있다.

베링, 1725년 3월, 토볼스크에 도착한다. 배를 타고 이르티시 강을 따라 가다가 오브 강을 따라 나림까지 간다.

나림에서 예니세이 강까지 모든 물자를 육지로 운반해야 했다. 그곳엔 길이 없었다.

베링, 1725년 9월, 잘 알려지지 않은 강을 따라 어려운 여행 끝에 이림스크에 도착, 그곳에서 겨울을 보낸다. 오두막을 짓고 배를 만든다.

북 극 해

상트페테르부르크 ①
아르항겔스크
베레조보
토볼스크 ②
나림
예니세이스크 ③
투루한스크
노바야젬랴 섬
타이미르 반도
첼류스킨 곶
북극권
카마 강
이르티시 강
오브 강
예니세이 강
북
서   동
남
시   베

북극의 강을 따라

북방 대탐험에 참가한 탐험가들은 북극점보다 추위가 훨씬 심한 시베리아의 얼어붙은 강을 멀리 항해할 수밖에 없었다. 인력에 비해 물자는 턱없이 부족했고, 게다가 탐험대들이 가진 물자는 작은 배(위 그림)에 싣거나 썰매에 실어 운반할 수 있는 것뿐이었다. 탐험대원들이 돌아올 때까지 몇 년 동안 소식이 완전히 끊긴 경우도 있었다.

프로친체프, 레나 강을 따라 타이미르 반도에 도착하려 한다. 성공하기 직전 죽는다. 올레네크 강 근처에 묻힌다.

드미트리 라프체프, 레나 강을 따라 항해하여 5년 뒤 콜리마 강에 다다른다. 1741년, 개 썰매를 이용하여 육로로 아나디리 강까지 간다.

세인트엘리아스 산맥

알래스카

베링, 1741년 7월, 알래스카의 눈 덮인 산들을 본다. 병들고 음식이 부족하여 오래 머무르지 않는다.

베링, 코디액 섬에서 닻을 내린다. 배에 있던 박물학자들에게 하루 안에 식물 표본을 채집하게 한다.

코디액 섬

⑫

⑬

베링, 1728년 8월, 베링 해협을 지난다. 안개 때문에 육지를 보지 못한다. 치리코프는 항해를 계속하고 싶어 하지만, 베링은 이것으로써 만족해한다.

⑨ 베링 해협

이스트 곶

베링 해

알류샨 열도

오호츠크의 겨울

1726년 10월, 베링이 처음 도착했을 때 오호츠크 항은 나무로 지은 오두막들과 하나의 작은 성채, 그리고 두 곳의 교회로 이루어진 조그마한 정착촌이었다. 베링은 이곳에서 겨울을 지내며 탐험대가 오호츠크 해를 건너 캄차카로 갈 수 있는 배를 만들게 했다. 반도의 끝을 돌아 항해하는 것이 더 간단할 수 있었지만, 이 항로는 알려져 있지 않았고, 베링 또한 너무 위험할지도 모른다고 생각했다.

베링과 그의 부하들, 1741년 11월, 폭풍우 속을 항해하여 한 섬(지금의 베링 섬)에 상륙한다. 베링은 여기에서 죽고, 그의 부하들은 해산물을 먹으며 살아남는다.

⑧ 베링, 1728년 7월, 44명의 선원들과 함께 가브리엘 호로 북쪽을 향해 출발한다. 원주민 추크치 족 사람들이 배 가까이 온다.

아

북극권

아나디리 강

⑭

베링 섬

시

베

리

베링의 배

베링은 두 번째 탐험을 위해 상트 표트르 호(위 그림)와 상트 파베르 호를 건조한다. 상트 파베르 호의 선장은 알렉세이 치리코프. 두 배는 알래스카에 도착하는데, 상트 파베르 호만 무사히 귀국한다.

캄차카 반도

콜리마 강

페트로파블로프스크 ⑪

볼셰레츠크

⑦

베링의 배, 1741년 6월, 페트로파블로프스크에서 항해를 떠난다.

⑩

오호츠크 해

오호츠크 ⑥

베링의 탐험대, 오호츠크 해를 건너 캄차카 반도를 질러간다. 캄차카에서 가브리엘 호를 만든다.

베링의 부하들, 야쿠츠크에서 오다가 얼어 죽은 조랑말의 고기를 먹는다. 겨울을 나기 위해 오호츠크에서 오두막을 짓는다.

가브리엘 호, 겨울을 지내기 위해 캄차카로 돌아온다. 베링은 다시 상트페테르부르크로 향한다.

야쿠츠크

⑤

레나 강

베링, 1726년 6월, 해안에 이르기 전 마지막 마을인 야쿠츠크에서 탐험대를 셋으로 나눈다.

베링의 죽음

베링은 알래스카에서 돌아오다가 1741년, 지치고 병들어 베링 섬에서 죽었다. 탐험대원들은 괴혈병에 걸려 고생하고 있었지만, 그 섬에서 겨울을 보내야 했다. 봄이 되어 그들은 부서진 상트 표트르 호의 목재로 배를 만들어 482km나 떨어진 페트로파블로프스크로 돌아갔다. 한편, 상트 파베르 호의 치리코프는 베링보다 더 멀리 알래스카 해안을 따라 항해한 뒤 무사히 페트로파블로프스크로 돌아갔다. 그러나 그도 항해의 피로에서 회복되지 못하여 3년 뒤에 죽었다.

탐험한 길

베링
첫 번째 탐험	1725~29년	❶
두 번째 탐험	1734~41년	⓫

북방 대탐험
무라비요프와 파블로프	1734~35년
말긴	1735~37년
오프친	1734~37년
미닌과 라프초프	1739~41년
프로친체프	1735년
첼류스킨	1742년
라프체프	1735~41년

0 100 200 300 400 500 km

세계일주
Around the World

1519년, 포르투갈의 탐험가 페르디난드 마젤란이
에스파냐의 배 빅토리아 호를 타고 가장 위대한 항해를 해냈다.
계획했던 것은 아니지만, 최초의 세계일주를 한 것이다. 사실 마젤란은
향료의 섬들(지금의 몰루카 제도)로 가는 항로를 찾고 있었다. 당시에는
포르투갈인들이 이미 아프리카와 인도를 돌아 아시아에 이르는 뱃길을 개척한 뒤 토르
데시야스 조약을 만들어서 그 항로에 에스파냐 배의 통행을 금지하고 있었다. 그래서
향료의 섬들과 아시아 대륙이 아메리카에서 가까이 있다고 생각했던 마젤란은
아메리카를 지나는 서쪽 항로로 항해했다.
그리고 60여 년 뒤 영국의 탐험가
프랜시스 드레이크가
세계일주 항해를
떠났다.

토르데시야스 조약

교황 알렉산드르 6세는
에스파냐와 포르투갈이 해외
영토 문제로 다투는 것을 막기
위해 두 나라가 미지의 세계를
분할할 것을 제안했다. 두 나라는
토르데시야스 조약(1494)을 맺어
대서양에 남북으로 하나의 선을
그어(왼쪽 지도) 서쪽에 있는
미지의 땅은 에스파냐가, 동쪽의
땅은 포르투갈이 차지했다.
그러나 지구가 둥글다는 사실을
생각하면 아주 먼 지역은 누구의 영토인지 구별이
불분명하다.

북아메리카

드레이크, 배를 수리하려고 지금의
샌프란시스코 근처에 상륙한다.
이 지역을 '뉴 앨비언'('앨비언'은
잉글랜드의 옛 이름)이라 하고,
영국의 땅이라고 주장한다. 1579년
7월, 태평양을 건너려고 출발한다.
6
샌프란시스코

드레이크의 부하들,
과툴코의 에스파냐 식민지
개척 마을을 습격, 성당에서
귀중품을 훔친다.
5 과툴코

태평양

하와이 제도

북회귀선

적도

푸카푸카 섬
5 마젤란의 부하들, 굶어
죽어 간다. 푸카푸카 섬에서
음식이나 물을 발견하지 못한다.

투아모투 제도

남회귀선

드레이크, 리마
근처에서 에스파냐의
보물선 카카푸에고 호를
공격하여 나포한다.
다른 배 몇 척도 나포한다.
4

리마

아리카

남아메리카

브라질

리우데자네이루

3

마젤란, 포르투갈 영토인
리우데자네이루에 들른다.
원주민들과 만난다.

발파라이소

모챠 섬
드레이크, 모챠 섬에서
원주민의
공격을 받아 화살에
상처를 입는다.
3

혼 곶 마젤란 해협
2

신홀리안
4

드레이크, 폭동을 일으킨
한 사람을 산홀리안에서 처형한다.
골든 하인드 호, 마젤란 해협을 지나
바람 때문에 남쪽으로 밀려간다.
드레이크, 대서양과 태평양이
연결되어 있음을 발견한다.

마젤란 해협

마젤란의
3척의 배가
마젤란 해협(그의
이름을 따서 붙임)을
천천히 지나가는 동안
선원들은 수심을 쟀다.
마침내 배들은 대서양에서
태평양으로 무사히 통과했다.

드레이크,
1577년
플리머스
5척의
출항

영국 계
플리머
11

드레이크, 1580년 9월, 50만
파운드어치의 에스파냐 보물을
가지로 플리머스로 돌아간다.
여왕 엘리자베스 1세로부터
기사 작위를 받는다.

대
서

1
마젤란
5척의 배
1519년
세비아를
떠난다.

카나리아 제도

마젤란의 배 빅토리아 호, 1522년
9월, 겨우 18명의 선원만을 태우고
에스파냐로 돌아간다.

10
카보
베르데

마젤란의 배들, 대서양에서
폭풍우를 이겨 내지만
그 뒤 바람이 안 불어
꼼짝 못한다.
2

양

마젤란의 부하들, 산홀리안에서 겨울을
보낸다. 몇 명이 반란을 일으킨다.
1520년 10월 배 한 척이 난파되고
두 척이 행방불명된다. 행방불명되었던
두 척의 배가 나타나 해협을 발견했다고
보고한다. 그 뒤 한 척의 배가 달아나
에스파냐로 돌아간다.

남 극

페르디난드 마젤란

포르투갈의 기사였던 마젤란은 포르투갈의 인도 탐험에도 참가했었지만, 왕과 다투고 1514년에 포르투갈을 떠나 에스파냐 왕을 위해 일했다. 그는 1519년, 에스파냐 왕에게 서쪽으로 항해하여 향료의 섬들에 도착하려는 자신의 계획을 제안했다. 왕은 이 제안을 듣고 마젤란에게 배들을 이끌고 아메리카를 지나 아시아로 가는 항로를 찾으라고 명령했다. 탐험대는 5척의 배와 대원 260명으로 출발했지만, 1522년, 1척의 배와 대원 18명만이 에스파냐로 돌아왔다. 마젤란은 그 속에 없었다.

마젤란(1480~1521)

프랜시스 드레이크

영국의 항해자 드레이크는 일생의 대부분을 사략선(정부의 허락을 받은 해적선)의 선장으로서 에스파냐의 영토와 배를 약탈하는 데 보냈다. 그가 세계일주 항해를 한 이유는 수수께끼이다. 항해일지조차 남기지 않은 듯하다. 북아메리카의 서해안에서 북서 항로의 출구를 찾으라는 명령을 받았을 수도 있지만, 가장 큰 목적은 약탈이었던 것 같다.

드레이크(1543~1596)

골든 하인드 호

드레이크는 길이 23m, 무게 100톤, 갑판에는 12문의 대포가 있었던 골든 하인드 호를 타고 1577년부터 1580년까지 세계일주 항해를 했다. 1977년, 드레이크의 항해 400주년을 기념하기 위해 이 배의 복제품이 제작되었다.

마젤란의 3척의 배, 괌 섬에 도착한다. 태평양 횡단에 성공한 것이다.

마젤란, 1521년 4월, 필리핀에 도착한다. 세부 섬 근처의 지역 전쟁에 휘말려 죽는다.

6 괌 섬

7 필리핀 제도

7 세부 섬

드레이크, 3개월 만에 태평양을 횡단한다. 향료의 섬에서 6톤의 정향을 배에 싣는다.

골든 하인드 호의 사람들, 자바에서 음악회를 열어 현지의 통치자를 즐겁게 해 준다.

8 셀레베스 섬

물루카 제도 (향료의 섬들)

8 자바 섬

8

세바스티안 드 엘카노가 지휘하는 마젤란의 나머지 2척의 배, 1521년 11월, 몰루카 제도의 한 섬에 도착하여 향료를 가득 싣는다.

9 지라지프

드레이크의 배, 산호초에 좌초된다. 배가 가벼워져서 다시 뜰 수 있도록 싣고 있던 정향 대부분을 버린다.

드레이크, 인도양을 건너 근대화된 도시 더반 근처에서 물자를 공급받는다 **10**

더반

희망봉

9 포르투갈 사람들에 의해 트리니다드 호를 나포당한 뒤 엘카노가 지휘하는 빅토리아 호는 홀로 항해한다. 인도양에서 심한 폭풍우를 만난다.

향료의 섬들

정향, 육두구 같은 향료들은 유럽에서 매우 비쌌다. 마젤란과 드레이크는 향료의 섬들에서 탐욕에 눈이 멀어 향료를 너무 많이 실었다. 그래서 배가 좌초되어 이 귀중한 화물을 대부분 잃어버렸다.

지도 라벨:
유럽 / 아시아 / 아프리카 / 인도 / 중국 / 한국 (조선) / 인도양 / 오스트레일리아 / 남극해 / 대 륙 / 자바 섬 / 북극권 / 적도 / 남극권

나침반: 북 / 동 / 서 / 남

탐험한 길
마젤란	1519~21년	**1**
엘카노	1521~22년	—
드레이크	1577~80년	**1**

황금과 영광
Gold and Glory

콜럼버스를 따라갔던 에스파냐인들은 중앙아메리카와 남아메리카에서 아스테카 문명과 잉카 문명을 발견했다. 멕시코의 아스텍 족과 페루의 잉카 족은 수준 높은 사회를 이루고 있었다. 돌로 장엄하고 화려한 도시를 건설하고, 많은 재화를 가지고 있었다. 그러나 500만 명의 아스텍 족과 600만 명의 잉카 족은 소수의 무장한 사람들에 의해 정복당하고 말았다. 당시 유럽 본국에서는 남아메리카에 있는 콘키스타도르(에스파냐 사람들에게 붙은 이름. '정복자' 라는 뜻)나 포르투갈 사람 반디란치('오지 탐험가' 라는 뜻)들을 통제할 수가 없었다. 특히 에스파냐 정부는 중앙아메리카나 남아메리카를 정복하려 하지도 않았다. 그러나 에스파냐의 에르난 코르테스와 프란시스코 피사로로 대표되는 모험가들은 황금에 눈이 멀어 아스테카(아스텍 족의 나라)와 잉카 제국을 정복했다.

코르테스, 동맹군을 모아 테노치티틀란으로 행진한다. 몬테수마, 도시 외곽에서 그와 마주친다.

에스파냐 사람들, 그리하르브 강 어귀에 상륙하여 이 지방 사람들과 무역한다.

코르테스, 베라크루스에 도착 고국으로 돌아가지 않겠다는 뜻으로 배를 태워 버린다.

에르난 코르테스
에스파냐의 귀족 집안에서 태어난 코르테스는 법률 공부를 한 뒤 부자가 되기 위해 서인도 제도로 건너갔다. 쿠바 총독의 비서로 일하다가 1519년, 멕시코 탐험대의 대장이 되어 단 2년 만에 멕시코를 정복했다. 아스텍 족 아래에서 무거운 세금과 노역에 고통을 받는 다른 문명의 사람들로부터 도움을 받았다.

코르테스(1485~1547)

케찰코아틀
아스테카 사람들은 멕시코의 수호신 케찰코아틀(왼쪽 그림)이 언젠가는 돌아올 것이라고 믿었다. 코르테스가 침입했을 때 많은 사람들이 그를 케찰코아틀이라고 생각해서 그를 믿었다.

코르테스와 몬테수마
코르테스가 아스테카의 수도 테노치티틀란에 도착하자 황제 몬테수마가 마중 나와 선물을 교환했다. 얼마 안 있어 도시는 곧 점령되었고, 황제는 투옥되었다. 코르테스가 잠시 도시를 떠나 있다가 다시 돌아갔을 때는 이미 전쟁 중이었다. 그리고 몬테수마는 황제가 자기들을 배반했다고 믿고 있던 신하들에게 죽음을 당했다.

아스테카 사람들의 공예 작품인 의식용 돌칼. 손잡이가 터키석으로 장식되어 있다. 이러한 칼은 사람을 제물로 바치는 아스테카 사람들의 의식에 사용되었다.

프란시스코 피사로
콘키스타도르인 피사로는 파나마의 지협(두 대륙을 연결하는 좁다란 땅)을 가로질러 태평양 해안에 도착, 남쪽에 있는 부유한 나라 이야기를 듣는다. 그리고 1531년, 잉카 제국을 정복하러 떠났다. 나이 60에 200명도 안 되는 부하들을 거느리고 수개월 만에 잉카 제국을 정복했지만, 에스파냐 사람들 사이의 분쟁으로 부하들에게 살해당했다.

피사로(☆1475~1541)

카하마르카의 전투
1532년, 피사로와 부하들은 안데스 산맥을 넘어 카하마르카에서 잉카의 통치자 아타왈파를 만났다. 처음에는 평화스러웠지만, 에스파냐의 성직자가 기독교에 대해 설명하려 하자 아타왈파는 성서를 던져 버렸다. 에스파냐 사람들은 이 일을 핑계 삼아 아타왈파를 사로잡고, 시종들을 죽였다. 나중에는 아타왈파도 죽였다.

테노치티틀
아스테카의 호수 속 섬 위에 이루어진 아름다운 도시 테노치티틀란에는 운하와 수로, 다리, 테라스가 있는 건물, 정원, 돌로 지은 커다란 사원, 궁전들이 있었다. 코르테스는 군사를 이끌고 이 도시로 들어가 아스테카 통치자에게 반역하는 10만 명의 도움을 받아 도시를 점령했다. 1521년, 아스테카 사람들은 굶주림과 에스파냐 사람들에게서 옮은 병 때문에 죽어갔다. 코르테스는 스스로를 멕시코의 신이라 했다. 테노치티틀란은 파괴되었다(코르테스는 나중에 이곳을 멕시코 시로 재건했다), 살아남은 사람들은 노예가 되었다.

황금에 대한 탐
금 장식품(왼쪽)은 에스파냐 '콘키스타도르' 들이 탐낸 보물이다. 에스파냐 사람들에게 붙잡힌 잉카의 황제 아타왈파는 자신을 풀어주면 금과 은이 천장까지 차 있는 방을 주겠다고 했다. 에스파냐 사람들은 이 몸값만 받아 챙기고, 그를 죽여 버렸다. 몇 년 뒤, 에스파냐 사람들은 페루에서 금광과 은광을 발견해 잉카 사람들을 노예로 썼다. 그러나 수천 명이나 병들어 죽어갔다.

쿠 바

치첸이차
(사원 도시)

코수멜 섬
2

코르테스, 코수멜 섬에 이른다. 부하들, 그곳 사람들을 협박하여 마을에서 쫓아내고 금을 약탈한다.

산티아고

1

코르테스, 1519년 2월, 11척의 배와 부하 500명을 이끌고 쿠바에서 출항, 멕시코로 향한다.

자메이카

유카탄 반도

티칼

카

리

브

해

반디란치

브라질로 간 포르투갈의 이주민들은 해안에 정착했다. 육지로 깊이 들어간 사람들은 기독교 선교사와 17세기, 상파울로 주변 해안에서 떼 지어 살던 무법자들이었던 반디란치들뿐이었다. 그들은 탐험보다 재물에 더 관심이 많아 브라질의 중심부까지 오랜 여행을 하여 지역 주민들을 사로잡아 노예로 팔았다. 그들이 가장 기뻐한 일은 미나스 제라이스에서 금과 다이아몬드를 발견한 것이었다.

탐험한 길		
코르테스	1519~21년	1 ··········
피사로	1531~33년	1 ++++

0   100   200   300 km

태 평 양

피사로, 1531년, 두 척의 배에 170명의 부하와 말을 태우고 파나마를 떠난다. 작은 대포 둘, 소총 세 자루로 무장했다.

파나마

1

피사로와 부하들, 투마코에 상륙한다. 피사로, 이곳의 통치자에게 사람들을 우상 숭배로부터 구하려 왔다고 말한다.

2

투마코

보고타 근처의 과타비타 호수에는 '엘 도라도'(황금의 고장)라는 전설이 있다. 이 전설에 따르면, 이곳의 왕은 날마다 금분을 몸에 발랐고, 일 년에 한 번씩 신에게 금을 바치려고 배를 타고 호수로 들어갔다. 에스파냐 사람들은 금을 찾으러 이곳에 몰려들었다.

'엘 도라도'의 전설이 있는 곳

오리노코 강

보고타

네그루 강

남 아 메 리 카

안 데 스 산 맥

북

서   동

남

아마존 강

브 라 질

푸나 섬

툼베스

파이타

3

에스파냐 사람들, 잉카 제국으로 들어가 카하마르카로 향한다.

마라논 강

카하마르카

4

피사로 일행, 카하마르카에서 아타왈파를 만난다. 아타왈파를 인질로 잡아 몸값을 받고 죽인다.

피사로와 그의 부하들이 찾지 못했던 잉카의 도시 마추픽추. 1911년에야 안데스 산맥에서 폐허가 된 이 도시가 발견되었다.

피사로, 쿠스코 점령

아타왈파를 죽인 뒤 피사로는 잉카의 수도 쿠스코로 행군했다. 전쟁으로 많은 잉카 사람들이 죽었고, 살아남은 사람들은 자기들이 가진 황금 보물들을 모두 내놓았다. 피사로는 이 보물들을 부하들에게 나누어 주었다. 에스파냐 사람들은 해안 근처인 리마에 수도를 건설하고, 더 멀리 남부와 동부를 탐험했다. 피사로의 부하인 프란시스코 드 오레야나는 아마존 강 끝까지 갔다.

페 루

하우하

리마

5

에스파냐 사람들, 하우하 계곡에서 적대적인 인디오들과 마주쳐 그들을 죽인다. 이곳에 식민지 개척 마을을 세운다.

우룹밤바 강

마추픽추

쿠스코

6

피사로와 그의 군사들, 1533년 11월, 전투 끝에 쿠스코를 점령한다. 잉카 사람들에게 금을 내놓으라고 강요한다.

새 제국들 *New Empires*

16세기 초, 유럽인들은 케이프브레턴 섬에서
플로리다까지 북아메리카 동쪽 해안을 탐험했다.

북아메리카는 작고, 아시아 가까이 있으리라는 믿음으로 태평양으로
가는 수로를 찾았지만, 그들이 탐험한 모든 바다의 항로나 해협은
사실은 육지로 들어가는 강이었다. 그들 생각과는 달리 북아메리카는
거대한 대륙이었기 때문이다. 가장 희망적인 발견은 1535년,
자크 카르티에의 프랑스 탐험대 세인트로렌스 만 발견이었다.
이로써 17세기 프랑스 사람들은 당시 남부 캐나다라고 불리던
세인트로렌스 계곡에 정착했다. 한편, 에스파냐 사람들은
카리브 해 연안의 식민지 개척 마을에서 플로리다까지 항해하여
내륙으로 들어갔다. 그리고 미시시피 강을 발견했는데, 이 강이
내륙으로 가는 가장 빠른 길이라는 사실은 아무도 몰랐다.

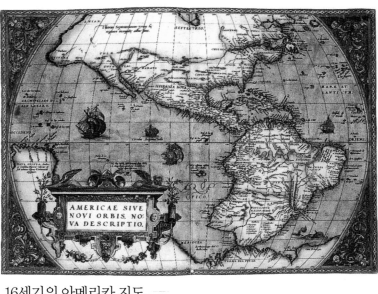

16세기의 아메리카 지도
1570년에 발간된 세계지도의 일부인 이 지도는
콜럼버스가 발견한 신대륙을 꽤 자세히 보여준다.
에스파냐 사람들이 발견한 지역과 세인트로렌스
강도 보이지만, 5대호는 보이지 않는다. 남쪽에는
마젤란 해협도 보인다.

판필로 데 나르바에스와 알바 누녜스 카베사 데 바카

1528년에 플로리다로 가는 탐험대를 지휘한
에스파냐의 콘키스타도르 나르바에스는
600명을 이끌고 내륙으로 들어갔다. 그러나
파선과 굶주림, 질병, 원주민들과의 싸움
때문에 거의 다 죽었다. 카베사 데 바카는
이때 살아남은 사람이다. 멕시코 만에서
배가 난파되어 야키 족(오른쪽 그림)에게
구출된 뒤 그(그림 한가운데)는 이 종족과
5년 이상 함께 살았다.

에르난도 데 소토

에스파냐의 콘키스타도르 데 소토는
나르바에스의 탐험대가 실패한 뒤 플로리다
정복 임무를 이어받았다. 그리고 이미 페루의
잉카 족을 정복하여 많은 재물을 얻었으나,
더 많은 재물을 원했다. 카베사 데 바카가
플로리다에는 재물이 없다고 말했지만, 그는
믿지 않았다. 그의 탐험대는 3년 이상 있지도
않은 황금을 찾아 다녔다.

데 소토(1500~1542)

데 소토 탐험대의 잔인함

데 소토의 탐험대는 엄청난 고생을 했지만,
한편으로는 체로키 족이나 크리크 족 등의
원주민들에게 매우 잔인했다. 데 소토는
원주민들이 에스파냐 왕에게 복종하거나
기독교를 받아들이면 부드럽게 다루라는
지시를 받고 있었으나, 오로지 황금과
정복에만 관심이 있었다. 원주민들에게
환대를 받거나 진주를 선물 받기도 했지만,
자기의 칼이 얼마나 날카로운지 알아보려고
원주민들의 목을 자르는 등, 대수롭지 않게
이러한 짓을 저질렀다. 부하들은 여자와
아이들까지 죽였다.

북아메리카

북
서 · 동
남

카베사 데 바카, 등이 튀어
나오고 온몸이 털로 덮인
한 떼의 소들을 보고
놀란다. 이 소들은
들소였다.

카베사 데 바카,
리오그란데 강을 건너
무역을 하며 여행을
계속한다. 그리고
원주민들의 병을 치료해
주어 그들로부터
'치료자'라는 명성을
얻는다.

④ 엘패소

③ 페이커스 강

②

카베사 데 바카, 5년
뒤에 다른 세 사람과
함께 야키 족의 마을에서
탈출한다. 서쪽으로 간다.

태평양

캘리포니아 만

소노라 강

시에라마드레 산맥

리오그란데 강

쿨리아칸

⑤

카베사 데 바카,
1536년, 2,000km
이상을 걸어 멕시코
해안에 다다른다.

0 100 200 300 400 km

멕시코

카베사 데 바카,
에스파냐 배를 타고
멕시코 시로 간다. 그리고
베라크루스로 간다.

⑥

멕시코 시

퀘벡에 만든 요새

샹플랭은 1608년, 세 번째 캐나다 여행 때 지금의 퀘벡에 식민지 개척 마을을 세우고 세인트로렌스 강이 바라다 보이는 곳에 요새(위 그림)를 만들었다.

1535년 7월, 카르티에와 세 척의 배들, 캐나다로 가는 두 번째 항해를 하러 블랑 사블롱에 모인다.

블랑 사블롱

뱅아일 해협

세인트로렌스 만

앤티코스티 섬

세인트로렌스 강

뉴펀들랜드

케이프브레턴 섬

카르티에, 1536년 5월, 프랑스를 향해 출항한다.

⑤

샹플랭, 1615년 5월, 세인트로렌스 강을 통해 5대호로 간다.

①

카르티에, 배들아 얼음에 갇혀 스타다코나에서 겨울을 보낸다. 떠나기 전에 도나코나를 유괴한다. 도나코나, 나중에 프랑스에서 죽는다.

샹플랭, 1615년 7월, 조지아 만 근처의 휴런 족 마을에 도착한다.

④

나 다

슈피리어 호

②

퀘벡
(스타다코나)

오타와 강

③

몬트리올
(호체라가)

카르티에, 1535년 9월, 휴런 족의 추장 도나코나를 만난다.

카르티에, 호체라가에서 1,000명의 휴런 족으로부터 환영을 받는다. 급류 때문에 상류로 더 올라가지 못하고 되돌아간다.

조지아 만

휴런 호

온타리오 호

이리 호

미시간 호

카

미시시피 강

샹플랭, 휴런 족을 도와 이로쿼이 족을 습격한다. 이 싸움에서 상처를 입어 1616년에 스타다코나로 돌아간다.

데 소토, 미시시피 강을 건너지만, 부하들의 설득으로 돌아선다. 이 근처에서 죽는다.

데 소토, 서배너 강 근처의 크리크 족 마을에서 여자 추장으로부터 진주를 선물 받는다.

데 소토의 부하들, 식민지 개척 마을인 마빌라의 마을에서 싸움을 벌여 2,000명 이상의 원주민을 죽인다.

서배너 강

③

휴런트 강

④

"마빌라"

데 소토의 부하들, 크리크 족을 비롯한 아메리카 원주민들과 싸운다.

미시시피 강

플로리다

②

③

애팔래치 만

탬파 만

나르바에스와 부하들, 배들이 나타나지 않아 새 배들을 만든다.

새로 만든 배들이 바람과 파도에 부서진다. 한 척의 배에서 살아남은 부하 몇 사람만이 해안에 다다른다.

⑤

④

나르바에스, 1528년 4월 탬파 만에 도착한다. 배에 탄 선원들과 애팔래치 만에서 만나기로 하고, 부하 일부를 데리고 육지로 여행한다.

나르바에스에서 탐험대에서 살아남은 카베사 데 바카와 몇몇 사람이 야키 족에게 구출된다.

멕시코

만

데 소토, 1539년, 탬파 만으로 항해하기 전에 쿠바에 들른다.

①

아바나

쿠 바

산티아고

나르바에스, 1527년, 탬파 만으로 가기 전에 쿠바에 들른다.

①

대

서

양

자크 카르티에

왕으로부터 동양에 이르는 북서 항로를 찾으라는 명령을 받은 프랑스의 카르티에 선장은 1534년, 세인트로렌스 만으로 항해해 들어갔다. 그리고 다음 해에 세인트로렌스 강을 발견하여 그 강을 거슬러 올라가 '신 프랑스'(북아메리카의 프랑스 영토)에 이른다. 두 번째 항해에서는 강을 따라 올라가 스타다코나(지금의 퀘벡)와 호체라가(지금의 몬트리올)에 다다른다.

카르티에
(1491~1557)

몬트리올

에스파냐인들과 달리 프랑스인들은 원주민들과 사이가 좋았다. 카르티에는 휴런 족 사람들을 안내인으로 세인트로렌스 강을 따라 나무로 지은 건물들과 방어벽, 50채쯤의 집이 있는 호체라가까지 갔다. 그리고 마을 옆에 있는 작은 산을 '몽레알'(왕의 산)이라고 했는데, 지금의 몬트리올이다.

새뮤얼 드 샹플랭

서인도 제도를 항해한 뒤 샹플랭은 1603년에 '신 프랑스'에 도착해 30년 가까이 이곳에서 살았다. 이후 프랑스인들이 '신 프랑스'에 이주하기 시작했고, 모피 무역이 성행했다. 전에는 어부들과 모피 상인들만이 카르티에가 발견한 세인트로렌스 강을 이용하여 여행할 뿐이었다. 샹플랭은 원주민인 이로쿼이 족을 습격한 적이 있었는데, 뒷날 캐나다를 차지하기 위해 영국과 싸울 때 이로쿼이 족은 영국 편을 들었다.

샹플랭(1567~1635)

탐험한 길		
나르바에스	1527~28년	❶●○○○○○
카베사 데 바카	1528~36년	❶+++++
데 소토	1539~42년	❶○-○-○-
카르티에	1535~42년	❶-----
샹플랭	1615~16년	❶······

37

북아메리카 횡단
Across North America

17세기, 영국인들은 북아메리카의 동쪽 해안을 따라 식민지를 건설했고, 프랑스인들은 더 북쪽인 세인트로렌스 강 유역과 5대호 근처에서 주로 활동했다. 1672년, 프랑스의 예수회 선교사인 마르케트 신부가 미시시피 강에 다다르면서 새로운 영토가 열렸다. 1682년, 로베르 카벨리에 드 라 살은 미시시피 강 어귀까지 배를 타고 내려가 이 근처를 루이 14세의 이름을 따서 '루이지애나'라고 부르고, 프랑스의 영토라고 선언했다. 그리고 1803년, 프랑스는 이 넓은 땅을 대서양과 미시시피 강 사이의 땅에서 독립 국가를 이룬 미국에 팔았다. 미국의 토머스 제퍼슨 대통령은 메리웨더 루이스와 윌리엄 클라크로 하여금 이 땅을 탐험하게 했다.

루이스(1774~1809)

클라크(1770~1838)

루이스와 클라크
미국의 제퍼슨 대통령은 비서인 루이스와 그의 친구 클라크에게 탐험대를 이끌고 새로 얻은 영토 루이지애나로 가서 태평양 해안에 이르는 길을 발견하라고 했다. 두 사람은 세인트루이스에서 미주리 강을 거슬러 올라간 뒤 북서쪽에 있는 컬럼비아 강을 따라 태평양 연안에 이르는 험난한 여행을 했다. 그들은 태평양으로 가는 쉬운 길을 발견하지는 못했지만, 대신 많은 원주민들과 친해졌다.

미주리 강을 거슬러
루이스와 클라크는 원주민들이 만든 카누를 타고 미주리 강을 거슬러 올라갔다. 올라갈수록 강폭이 좁고 물살이 세서 가끔은 노를 사용하지 않고 강둑으로 올라가 밧줄로 카누를 끌어야 했다. 카누를 마차에 실어 옮기기도 했다. 루이스는 다음과 같이 기록했다. '우리는 지금까지 야만족에 의한 위험보다 미주리 강을 거슬러 올라가며 더 많은 위험을 겪었다.'

만단 족
루이스와 클라크는 미국 북서부를 지나며 많은 원주민 종족을 만났다. 원주민들은 대부분 루이스와 클라크가 여러 명의 원주민을 데리고 다녀서 친절했다. 그들은 첫 번째 겨울을 만단 족의 지역에서 보냈다. 농사도 짓고 사냥도 하는 만단 족은 나무로 지은 커다란 원형 오두막(오른쪽)에서 살았다.

루이스와 클라크, 1805년 12월, 마침내 태평양 해안에 다다른다. 요새를 지어 겨울을 난다.

루이스와 클라크, 여기에서 헤어져 클라크는 남쪽으로, 루이스는 더 북쪽으로 간다. 루이스, 블랙푸트 족에게 쫓겨 달아난다.

⑦ 클랫솝 요새

컬럼비아강

⑧

루이스와 클라크 일행, 급류를 피해 카누를 육지로 운반한다. 부하 여섯 명이 회색곰에 쫓겨 강물 속으로 달아난다.

로

④ 그레이트 풀스

루이스와 클라크, 옐로스톤 강과 미주리 강이 합쳐지는 곳에서 만난다. 세인트루이스로 돌아간다.

⑥ 루이스와 클라크, 카누를 타고 컬럼비아 강으로 향한다.

트래포크스

옐로스톤 강

만단 요새

만단 ③

⑤ 루이스와 클라크, 말을 타고 로키 산맥을 넘는다. 쇼쇼니 족 사람들이 그들을 안내한다.

키

산

맥

루이스와 클라크, 만단 족의 부락 곁에 요새를 짓고 겨울을 지낸다.

플랫 강

태

평

양

북

서

동

남

북 아 메

탐험한 길
라 살

첫 번째 여행	1678~80년	
두 번째 여행	1680~82년	
루이스와 클라크	1804~06년	
루이스	1806년	
클라크	1806년	

카운실블러프스에서의 만남

루이스와 클라크는 오토 족, 수족, 오마하 족 등이 모여 사는 카운실블러프스에 캠프를 세웠다. 그리고 그들과 교류하기 위해 정장을 차려입고 오토 족 사람들을 초대해 맞이했다. 환영하는 뜻에서 예포를 쏘았는데, 한 발이 그만 나무를 맞혀 쓰러뜨렸다. 그러자 오토 족 사람들이 놀라 달아났다. 그러나 결국 모임은 다시 이루어졌고, 오토 족 추장은 총을 주면 모피와 말 등을 주겠다고 제안했다.

평화의 담뱃대

루이스와 클라크가 북아메리카의 여러 종족을 만났을 때 평화의 표시로 담뱃대를 돌려 가며 담배를 피웠다.

사카가웨아

만단 족의 요새에서 루이스와 클라크는 사냥꾼과 결혼한 젊은 쇼쇼니 족 여자 사카가웨이('새 여자'라는 뜻)를 만났다. 그 여자 부부와 새로 태어난 아기가 탐험대에 합류했다. 여자는 루이스와 클라크가 로키 산맥 근처의 쇼쇼니 족 지역에 도착했을 때 안내 겸 통역 역할을 했다. 탐험대의 가장 중요한 사람 가운데 한 사람이었다.

라 살(1643~1687)

로베르 카벨리에 드 라 살

프랑스의 상인인 라 살은 1666년, 재물을 찾아 캐나다(당시의 '신 프랑스')로 가서 몬트리올 근처에 정착했다. 5대호 부근을 여러 차례 탐험했으며, 1681년부터 1682년까지 미시시피 강을 모두 돌아보고 강 유역을 전부 프랑스 영토라고 선언했다. 1684년에는 프랑스에서 출항하여 미시시피 강 어귀의 삼각주를 바다에서부터 탐험하려 했다. 그러나 그는 이곳을 찾지 못하고 그만 길을 잃었다. 그리고 1687년, 부하들이 반란을 일으켜 그를 죽였다.

그리퐁 호

1678년, 라 살과 그의 동료들은 나이아가라 강둑에서 그리퐁 호를 건조했다. 둔하고 우습게 생긴 그리퐁 호는 바닥이 평평한 50톤 정도의 배였는데, 원주민들은 '날개 달린 카누'라고 불렀다. 무역을 하며 5대호를 돌아다닌 끝에 그리퐁 호는 프랑스의 모든 남자에게 모피 모자를 만들어 줄 수 있을 만큼 비버 가죽으로 가득 찼다. 라 살은 남쪽으로 계속 항해할 준비를 하는 동안 배를 나이아가라 강으로 돌려보냈다. 그런데 그만 배가 침몰해 귀중한 화물을 모두 잃어버렸다.

모피 무역

모피 상인들은 값비싼 비버 가죽을 찾아 새로운 지역으로 언제든지 갈 준비가 되어 있었다. 그들은 원주민들이 한 계절 내내 잡은 비버의 가죽을 위스키 한 병이나 담요 한 장과도 바꾸려 한다는 사실을 알고 있었다.

아시아의 중심
The Heart of Asia

16세기, 유럽인들은 거대한 아시아 대륙에 대해 거의 몰랐다. 마르코 폴로가 13세기에 묘사한 캐세이가 포르투갈 항해자들이 이미 해안을 탐험한 중국이라는 사실도 몰랐다. 그러나 유럽인들은 중앙아시아와 동아시아에서 놀라운 여행을 했다. 예수회에 속한 로마 가톨릭 선교사들의 여행도 그 가운데 하나였다. 성 프란시스 사비에르는 일본을 방문한 첫 유럽인이었고, 마테오 리치 신부는 페킹(베이징)에 이르렀으며, 드 고에스, 안드라다, 그뤼버, 도르빌은 기독교도들을 찾아 험한 히말라야 산악 지대를 넘었다.

마테오 리치

이탈리아의 선교사 마테오 리치 신부(1552~1610)는 중국어를 배웠고, 1583년, 중국 광둥에서 머물러도 좋다는 허락을 받았다. 그는 중국옷을 입고, 유일한 종교로서가 아니라 살아가는 방법으로서의 기독교를 중국인들에게 전파했다. 몇 년의 노력 끝에 1600년, 페킹으로 초청받아 황제를 만나게 되었다. 황제에게 시계를 선물했는데, 황제는 너무 기뻐 시계를 보관할 건물을 지으라고 명령했다.

벤투 드 고에스

포르투갈의 아조레스 제도 출신인 드 고에스는 인도에서 예수회에 몸담기 전에는 직업 군인이었다. 인도의 라호르에서 사비에르와 함께 선교사로 일했으며, 고아에 있는 포르투갈 사람들과 인도 무굴 제국 황제 악바르 사이에서 대사 역할도 했다. 그는 1601년, 캐세이 탐험대의 지휘자로 뽑혀 캐세이와 인도 사이에서 살고 있으리라 짐작되는 기독교도들을 찾아 나섰다.

드 고에스(1562~1607)

안드라다(1580~1634)

안토니오 드 안드라다

인도에서 활동한 포르투갈 예수회의 선교사 안드라다 신부는 드 고에스의 발자취를 따르기로 결심했다. 힌두교 순례자로 변장하고, 때로는 길동무 한 사람만을 데리고 서부 티베트까지 여행했다. 그리하여 그는 히말라야 산맥을 넘은 최초의 유럽인이 되었다. 안드라다 신부는 같은 길을 지나 인도로 돌아갔으며, 4년 뒤 다시 여행하여 차파랑에 예수회 선교회를 설립했다.

드 고에스와 이삭, 야르칸드에서 1년간 머무른다. 호탄에 갔을 때 광부들이 보석을 캐내는 모습을 본다.

드 고에스, 네 명의 산적에게 사로잡힌다. 산적들이 보석으로 장식된 그의 모자를 차지하려고 싸우는 동안 탈출한다.

텐산 산맥

쿠르레

하미

호탄

아르칸드

파미르 고원

힌두쿠시 산맥

카불

페샤와르

안드라다, 순례자들과 함께 바드리나트의 힌두교 사원을 방문한다. 가끔 눈이 얼어 만들어진 다리를 건너며 히말라야 산맥을 넘는다.

그뤼버와 도르빌, 해발 5,000m의 산맥을 넘어 티베트로 간다. 말과 야크(털이 긴 소)를 타고 간다.

티베트

드 고에스와 이삭, 페샤와르와 카불로 가는 대상과 라호르에서 합류한다.

라호르

"차파랑"

바드리나트

델리

히 말 라 아 산 맥

라사

브라마푸트라 강

아그라

카트만두

안드라다, 1624년, 티베트를 향해 출발한다. 델리까지는 황제와 함께 가고, 이후 순례자들의 대상과 합류한다.

드 고에스, 1602년, 반다르 압두라는 이름으로 무굴 궁전을 떠난다. 이삭이라는 친구와 함께 여행한다.

그뤼버와 도르빌, 아그라에서 출발한다. 11개월 걸려 페킹에서 아그라까지 간 것이다. 도르빌은 이곳에서 죽고, 그뤼버는 유럽으로 돌아간다.

파트나

그뤼버와 도르빌, 마침 전쟁이 터지려는 카트만두에 도착한다. 이곳 왕에게 망원경을 선물한다. 왕은 망원경으로 적군을 보고 적군이 갑자기 다가왔다고 생각한다.

그뤼버와 도르빌, 1661년 10월, 라사에 도착한다. 두 사람은 이 전설적인 '금단의 도시'를 직접 보고한 첫 유럽인이다.

인도스 강

아 라 비 아 해

인 도

이라와디 강

벵 골 만

고아

사비에르, 1542년, 고아에 도착한다. 그 뒤 5년 동안 인도와 스리랑카의 모든 곳을 여행한다.

탐험한 길

사비에르	1541~52년	
드 고에스	1602~07년	
안드라다	1624~26년	
그뤼버와 도르빌	1661~64년	

0   200   400   600 km

그뤼버(1623~1680) 도르빌(1621~1662)

그뤼버가 본 라사

그뤼버 신부는 라사의 시가지가 내려다보는 곳에 있는 포탈라 궁전(아래)을 그렸다. 라사는 외국인의 출입이 금지된 불교 도시였던 만큼 이 그림은 이 건물에 관한 최초의 기록이다. 그림 속의 마차는 판화로 만든 사람이 그려 넣은 듯하다. 당시 티베트 사람들은 마차를 사용하지 않았다. 그뤼버는 종교 지도자인 달라이 라마가 티베트 사람들을 다스리는 모습에 대해서도 기록했고, 티베트 불교를 로마 가톨릭에 비유하기도 했다.

마니 통

그뤼버는 티베트에서 사용되고 있는 불교의 마니 통(왼쪽 그림)에 매력을 느꼈다. 회전하는 원통에 경문(불경의 문구)이 쓰인 종이가 들어 있다. 이 통을 계속 돌리면 경문을 계속 외는 것과 같은 효과가 있다고 믿었다.

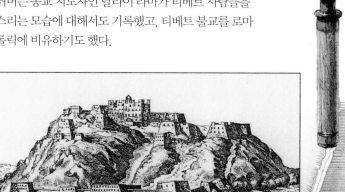

그뤼버와 도르빌

독일의 예수회 선교사 그뤼버는 중동을 여행한 뒤 1658년에 중국에 이르렀고, 벨기에의 귀족 출신 도르빌은 그뤼버보다 중국에 더 오래 있어서 중국말을 잘 하고 지리와 측량에 밝았다. 둘은 1661년에 함께 여행해 유럽인으로는 처음으로 중국에서부터 티베트의 수도인 라사에 이르렀다. 당시 네덜란드 해적들로 인해 위험해진 바닷길 대신 예수회 선교사들이 찾던 중국과 인도 사이의 육로는 그뤼버와 도르빌에 의해 발견되었다.

황하

5 드 고에스, 중국에 이르러 페킹에 있는 리치 신부와 연락한다. 그는 쑤저우에서 죽지만, 이삭은 페킹까지 계속 여행한다.

쑤저우

시닝

시안

시 아

황허

양쯔 강

동 해

1 베이징(페킹)

그뤼버와 도르빌, 1661년 4월 페킹을 떠나 고대 대상들의 길을 따라 중국을 횡단한다.

일

본

도쿄

교토

야마구치

한국 (조선)

서 해

가고시마

예수회 선교사들, 일본에서 환영받는다. 사비에르, 중국인들을 선교하기로 결심하지만, 중국으로 가기 전에 죽는다. **3**

사비에르(1506~1552)

성 프란시스 사비에르

에스파냐의 예수회 선교사 사비에르는 인도에서 여러 해 있다가 일본으로 갔다. 포르투갈 항해자들이 일본에 처음 도착한 지 몇 년 뒤였다. 그는 일본과 일본인들에 대해 정확하게 기록한 첫 유럽인이었고, 성공한 선교사였다. 일본인들의 명예와 예의를 높이 샀으며, 그들을 '내 마음의 기쁨'이라고 불렀다.

중국 (캐세이)

북 / 서 / 동 / 남

사비에르와 두 선교사들, 1549년, 일본까지 멀고도 위험한 항해를 한다. 중국의 광둥에서 잠깐 멈추는데, 이곳은 외국인들에게 개방되지 않은 곳이었다.

광둥 **2**

남 중 국 해

언더우드와 아펜젤러

1885년 부활절이던 4월 5일, 기독교를 전하기 위해 미국의 선교사 호러스 그랜트 언더우드(1859~1916)와 헨리 거하드 아펜젤러(1858~1902)가 인천 제물포항을 통해 한국에 왔다. 언더우드는 기독청년회를 조직하였고 경신학교, 연희전문학교를 설립했다. 아펜젤러는 한국선교회를 창설하고 배재학당을 설립하였다.

언더우드

아펜젤러

태평양 탐험가들
The Pacific Explorers

페르디난드 마젤란의 태평양 횡단은 유럽인들에게 지구 반대쪽의 바다가 얼마나 넓은지 알려주었다. 그리고 남태평양에 정말 거대한 대륙이 있는지 호기심을 갖게 했다. 그 뒤 250년간 선교, 경제적인 이익, 영토 확장을 목적으로 유럽의 여러 탐험가들이 대륙을 발견하려고 노력했다. 1567년, 남아메리카에서 알바로 데 멘다냐는 여러 명의 프란체스코 수도회 수사들과 함께 리마에서 서쪽으로 항해를 떠났다. 그의 목적은 태평양 지역 사람들에게 기독교를 선교하고, 황금과 보물을 찾고, 에스파냐의 식민지를 만드는 것이었다. 그의 솔로몬 제도 발견은 두 세기 후 영국의 제임스 쿡이 이룬 대탐험의 첫걸음이었다.

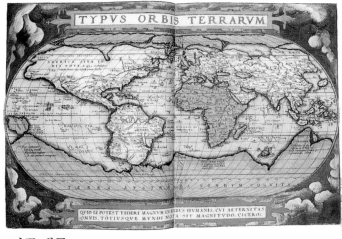

남쪽 대륙

남쪽에 있다는 거대한 대륙에 관한 전설은 고대 지도 제작자들의 상상력을 자극했다. 그리스의 지리학자 프톨레마이오스는 인도양이 육지에 둘러싸여 있다고 생각했다. 1570년, 플랑드르의 지리학자 아브라함 오르텔리우스가 만든 위 지도에는 남쪽의 대륙이 그나마 자세히 표시되어 테라 아우스트랄리스라고 이름붙여져 있었다.

1568년, 멘다냐가 발견한 솔로몬 제도

토레스, 오스트레일리아와 뉴기니 섬 사이의 토레스 해협(자기의 이름을 따서 붙임)을 향해하여 1607년 5월 마닐라에 도착한다.

키로스의 침몰해 가는 배, 1596년 2월, 마닐라에 닻을 내린다. 많은 선원들이 굶주림, 갈증, 병으로 죽어 간다.

멘다냐, 솔로몬 제도에 사람들을 상륙시켜 새로운 공급 물자를 찾게 한다. 그들은 식인종을 만난다. 싸움이 벌어져 몇 명의 선원과 섬사람들이 죽는다.

멘다냐의 배, 허리케인을 만나 돛대와 돛이 부서진다. 선원들, 담요로 돛을 만든다.

멘다냐의 선원들, 굶주림과 괴혈병으로 죽어간다. 날마다 시체를 배 밖으로 던진다.

멘다냐의 부하들, 마르키즈 제도에서 여자들과 아이들을 포함 무장하지 않은 200명의 섬 주민들을 총 쏘아 죽인다.

타스만, 해안에서 사는 사람들과 무역을 하며 뉴기니 섬의 북쪽 해안을 따라 항해한다.

멘다냐, 병이 들어 산타크루스 제도에서 죽는다. 키로스는 탐험을 계속한다.

타스만, 1643년 6월, 바타비아에 도착한다. 완전한 탐험이 아니었다는 비난을 듣는다.

부갱빌, 세계일주 항해를 이루기 위해 서쪽으로 출항하기 전 바타비아에서 휴식을 취한다.

부갱빌, 오스트레일리아로 가지만, 산호초 때문에 육지를 볼 수 있을 만큼 가까이 가지는 못한다.

키로스와 토레스, 에스피리투산토 섬에 십자가를 세우고 기념 미사를 드린다. 키로스의 배가 바람 때문에 바다로 밀려가 탐험대가 갈라진다.

타스만, '살인자의 만'으로 들어간다. 북섬과 남섬 사이의 해협을 보지 못하고 그곳을 떠난다.

부갱빌과 선원들, 타히티 섬에서 주민들과 무역을 하여 신선한 식료품 등을 배에 가득 싣는다.

타스만, 1642년 11월 모리셔스에서 출항했는데 눈보라가 항해를 방해한다. 그래서 계획한 대로 남쪽으로 항해하지 못한다.

타스만, 목수를 섬에 상륙시켜 깃발을 꽂게 한다. 이 섬을 바타비아 통치자의 이름을 따서 반디멘스랜드라고 한다.

마닐라
마리아나 제도
괌 섬
캐롤라인 제도
웨이크 섬
하와이 제도
북 · 서 · 동 · 남
수마트라 섬
자카르타 (바타비아)
셀레베스 섬
세람 섬
뉴기니 섬
토레스 해협
솔로몬 제도
산타크루즈 제도
에스피리투산토 섬
뉴헤브리디스 제도
피지 제도
통가
사모아
앨리스 제도
마르키즈 제도
소시에테 제도
타히티 섬
투아모투 제도
태 평
자바 섬
오스트레일리아
태즈메이니아 (반디멘스랜드)
골든 만 (살인자의 만)
뉴질랜드
북섬
남섬
남 극 해

알바로 데 멘다냐

에스파냐 사람인 멘다냐는 겨우 스물다섯 살이던 1567년, 로스 레이에스 호를 타고 페루의 카야오를 떠났다. 이 항해는 2년이 걸렸다. 탐험대는 길을 잃어 굶주림과 갈증, 병, 허리케인 때문에 많은 고통을 받았지만, 솔로몬 제도를 발견했다. 1595년, 멘다냐는 다시 포르투갈 출신의 수로 안내인 키로스와 함께 항해를 떠났다. 목적은 식민지를 건설하는 것으로, 378명의 이주민들을 배에 태웠다. 그러나 탐험은 실패로 끝나 멘다냐와 많은 선원들이 죽었다.

멘다냐(1541~1595)

키로스와 토레스

1595년 멘다냐의 탐험 때 살아남은 페드로 페르난데스 데 키로스(1565~1614)는 1605년, 3척의 배와 300명의 부하들을 거느리고 다시 태평양을 항해했다. 일행은 쿡 제도와 뉴헤브리디스 제도(왼쪽)를 방문하고 에스피리투산토 섬에 상륙했다. 키로스가 병이 들고 그의 배가 탐험대에서 떨어지자 루이스 바에스 데 토레스가 대신 탐험대를 지휘했다. 토레스는 뉴기니 섬 주위를 항해하여 이곳이 섬임을 증명했다.

네덜란드의 동인도 회사

17세기 초부터 네덜란드의 동인도 회사가 태평양과 인도양에서 이루어지는 모든 네덜란드의 무역을 장악했다. 이 회사의 본사가 있는 바타비아(지금의 자카르타)로 향하는 네덜란드의 배들이 종종 바람에 밀려 항로에서 벗어나면서 우연히 오스트레일리아의 서해안을 알게 되었다. 그 뒤 몇 차례의 탐험에 의해 오스트레일리아 남부와 북부에 대해서도 자세히 알게 되었다. 1615년, 야콥 르 메르와 빌렘 코네리손 스하우텐이 이끄는 탐험대가 혼 곶에서 바타비아까지 태평양을 횡단했다.

아벨 얀손 타스만

바타비아의 통치자는 인도양에서 동쪽으로 태평양까지 항해시키려고 타스만의 탐험대를 보냈다. 타스만은 이 항해 때 반디멘스랜드(지금의 태즈메이니아)를 발견하고, 뉴질랜드와 피지 제도, 그리고 통가를 보았다.

타스만(1603~1659)

북아메리카

0 500 1000 1500 km

⑥ 멘다냐의 부서진 배들, 1569년 9월 남쪽 캘리포니아 반도에 도착한 뒤 해안을 따라 카야오까지 간다.

③ 키로스와 선원들, 빗물과 물고기로 목숨을 이어 가며 동쪽으로 항해한다. 항해를 떠난 지 거의 1년 뒤 아카풀코로 돌아간다.

아카풀코

멘다냐의 탐험대, 육지를 전혀 보지 못하고 마르키즈 제도와 투아모투 제도 사이를 항해한다.

양

② ①

멘다냐와 키로스, 1595년 4월, 4척의 배로 페루를 떠나 항해한다.

⑦ 파이타

남아메리카

카야오 리마 ①

멘다냐, 1567년 11월, 카야오를 떠난다. 다음 날 배가 잠자는 고래와 충돌한다.

① 키로스와 토레스, 1605년 12월, 3척의 배와 300명의 부하들을 이끌고 항해를 떠난다.

살인자의 만

타스만의 뉴질랜드 방문은 짧고 불쾌했다. 그의 배들은 지금의 남섬 북쪽 해안에 있는 만에 닻을 내리고, 카누를 타고 온 원주민 마오리 족의 환영을 받았다. 마오리 족은 처음에는 호의적이었으나, 네덜란드인들이 마오리 족의 배들 사이로 작은 보트를 저어 지나가자 갑자기 공격해 네 명을 죽였다. 타스만은 이곳을 '살인자의 만'이라고 했으며, 상륙하지 않고 바로 뉴질랜드를 떠났다.

루이 부갱빌

프랑스 사람인 부갱빌은 마젤란 해협에서 북서쪽으로 항해하여 투아모투 제도와 타히티 섬을 방문하고, 계속해서 사모아 제도와 뉴레브리디스 제도를 지나쳤다. 오스트레일리아에 갈 수 있었지만, 대륙 북동쪽 해안에 널려 있는 산호초들 곁을 지나려 하지 않았다. 그 대신 그는 북쪽의 뉴기니 섬과 바타비아까지 항해했다.

부갱빌(1729~1811)

대서양

부갱빌, 1766년, 항해를 떠난다. 1768년 1월, 마젤란 해협을 지나 태평양으로 들어간다.

탐험한 길

멘다냐	1567~69년	●
멘다냐(키로스와 함께)	1595~96년	●──●
키로스(토레스와 함께)	1605~06년	●-◇-●
토레스	1606~07년	●
타스만	1642~43년	●—●—●
부갱빌	1766~69년	●▲●

마젤란 해협   혼 곶

포클랜드 제도 ①

43

남쪽 바다의 쿡 *Cook in the South Seas*

18세기경, 유럽인들은 남태평양에 대양 대신 거대한 대륙이 남극에서 적도까지 펼쳐져 있을 것이라고 생각했다. 솔로몬 제도, 뉴질랜드, 그리고 오스트레일리아까지도 이 거대한 대륙의 일부라고 믿었다. 그러나 영국의 제임스 쿡 선장이 1768년부터 1779년까지 남쪽 바다로 세 차례나 항해를 떠나 솔로몬 제도, 뉴질랜드의 북섬과 남섬, 그리고 오스트레일리아가 하나의 대륙이 아니라 서로 다른 섬이라는 사실을 증명했다. 그는 남극 대륙을 직접 보지는 못했지만, 남극 대륙이 있다고 추측할 수 있을 만큼 남극 대륙 가까이까지 항해했다.

쿡, 자기가 발견한 육지의 소유권을 선언하러 육지에 오른다.
⑨

엔데버 호, 대보초에서 좌초되면서 커다란 구멍이 생겨 수리가 필요해진다.
⑧

대 보 초

쿡과 그의 부하들, 배의 보트를 타고 해안을 조사한다. 오스트레일리아 원주민 몇 사람이 그들을 보고 달아난다.
⑦

북 서 동 남

오스트레일리아

뱅크스와 그의 동료 박물학자들, 처음 보는 수백 종의 식물을 채집한다.
⑥

보타니 만

쿡, 처음으로 오스트레일리아를 본다. 이곳을 처음으로 본 장교의 이름을 따서 '포인트 힉스'라고 부른다.
⑤

포인트 힉스

태즈메이니아

남 태 평 양

0 100 200 300 400 km

특별히 고른 배

쿡은 북해에서 자신의 고향인 휘트비 항구까지 배로 석탄을 실어 나르던 숙련된 항해사였다. 뒷날 세계일주 항해를 위해 배를 고를 때 그는 휘트비 석탄선을 골라 엔데버('노력'이라는 뜻)호라고 이름지었다. 석탄선이었던 만큼 엔데버 호는 멋지거나 빠르지는 않았지만 매우 튼튼했다. 많은 물자를 실었는데도 젊은 박물학자 조셉 뱅크스와 그의 과학자 팀을 포함한 94명이 지낼 수 있는 공간이 충분했다.

제임스 쿡 선장

쿡은 10년간 상선에서 일한 뒤 1755년, 스물일곱 살 때 영국 해군에 입대했다. 숙련된 항해사여서 승진이 빨랐지만, 1768년에 태평양 탐험대 대장으로 임명될 때까지 장교가 되지는 못했다.

쿡(1728~1779)

캥거루

쿡의 선원들은 오스트레일리아의 캥거루를 처음 본 유럽인들이었다. 그들이 보기에 그 동물은 쥐색으로 크기가 사슴만 했으며, 산토끼처럼 뛰었다. 그들은 마침내 이 동물을 '일종의 사슴'이라고 결론지었다.

아름다운 항구 퀸샬럿 만. 쿡이 뉴질랜드로 항해할 때마다 들른 곳이다.

엔데버 호

쿡과 선원들, 마오리 족의 공격을 받고 반격하지만, 마오리 족이 여럿 죽자 마음 아파한다.
②

뉴 질 랜 드 북섬

1769년 10... 뉴질랜드... 이른...

투로나가인 곳

쿡 해협
③
쿡과 선원들, 마오리 족과 무역한다.

퀸샬럿 만

쿡, 폭풍 때문에 배가 항로에서 벗어나지만, 간신히 항로를 다시 찾는다.
④

남섬

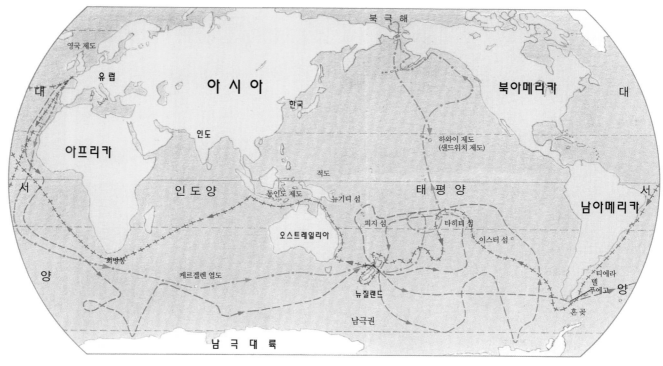

탐험한 길
제임스 쿡

첫 번째 항해	1768~71년	❶ ＋＋＋
두 번째 항해	1772~75년	-------
세 번째 항해	1776~79년	-------

세계일주(1768~1779)

오른쪽 지도는 제임스 쿡의 세 차례 항해 경로를 보여준다. 1768년의 첫 번째 항해 때는 타히티 섬, 뉴질랜드와 오스트레일리아 동해안까지 여행했고, 1772년의 두 번째 항해 때는 남극해까지 항해하여 남극 주위에 얼어붙은 넓은 육지가 있을 것이라고 추측했다. 1776년의 세 번째 항해 때는 북극해로 들어가는 입구를 찾으려고 북태평양으로 항해했다. 도중에 그는 우연히 하와이를 발견했다.

아름다운 타히티 섬

쿡은 첫 번째 항해 때 녹음이 우거져 아름다운 타히티 섬에 들렀다. 섬사람들은 친절했으며, 뱅크스와 그의 동료 박물학자들은 이국적인 동식물을 보고 무척 기뻐했다. 쿡 일행은 엔데버 호의 미술가인 시드니 파킨슨이 그린 빵나무(왼쪽)의 열매 같은 새로운 음식도 맛보았다. 하얗고 섬유질이 많은 과일인데, 빵맛은 나지 않는다.

의약품

배의 의사들이 가지고 다닌 의약품 상자(왼쪽)에는 강장제를 비롯한 갖가지 의약품이 들어 있었지만, 동인도 제도에서 많은 선원들을 죽인 열병을 치료할 약은 없었다.

마오리 족과의 무역

쿡과 선원들은 1769년, 뉴질랜드 북섬에 처음으로 상륙했다. 마오리 족은 처음에는 적대적이었지만, 조금 지나자 그들은 쿡을 신뢰했다. 선원들과 무역하는 것을 좋아하여 마오리 족은 과일과 구슬, 또는 큰 가재를 가지고 와서 배의 옷감 등과 바꾸었다.(오른쪽) 쿡은 그들을 강하고, 활동적이고, 예술적이고, 용감하고, 정직한 사람들이라고 했다. 그리고 호전적이기는 하지만, 믿을 수 있는 사람들이라고 했다.

건강한 선원들

쿡은 선원들에게 항상 신선한 고기와 야채를 먹도록 했다. 그래서 긴 항해에서 비타민 부족 때문에 자주 생기는 괴혈병에 잘 걸리지 않았다. 쿡은 신선한 고기와 야채를 먹지 않은 선원을 매로 때린 적도 있었다. 청결을 중요시해 배를 항상 깨끗이 하도록 했으며, 누가 병에 걸리면 곧 의사가 치료하게 했다. 그의 치료법 중에는 오른쪽 사진 같은 안티몬 컵 사용법이 있었다. 안티몬은 일종의 금속인데, 컵 안쪽에 칠해져 있어서 포도주를 이 컵에 따르면 안티몬과 화학 반응을 일으켰다. 쿡은 이 컵에 포도주를 따라 마시면 열을 내릴 수 있다고 믿었다.

쿡의 크로노미터

쿡은 두 번째 항해 때 배에서 사용하는 시계인 아래의 크로노미터를 가지고 갔다. 이 시계는 세계일주 항해를 하는 동안 계속 움직인 최초의 시계로, 쿡이 경도를 정확히 알게 해 주었다. 항해가 끝났을 때 이 크로노미터는 13km의 오차를 보였을 뿐이다.

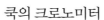

남극 대륙에 가까이 가다

쿡은 두 번째 항해에서 남극권에 두 번 들어갔지만, 남극 대륙을 보지는 못했다. 빙산들 때문에 더 가까이 갈 수 없었기 때문이다. 선원들은 빙산에서 얼음을 쪼개 먹을 물을 마련했다. 쿡은 이 얼음이 남극까지 이어져 있을 것이라고 생각해서 항해일지에 이 춥고 위험한 바다를 더 항해하여 나아갈 필요가 없다고 적었다.

쿡, 하와이에서 죽다

쿡은 세 번째 항해에서 자신이 '샌드위치 제도'라고 이름붙인 하와이를 발견했다. 그는 이 섬과 친절한 주민들을 더 알고 싶어 겨울을 이곳에서 보낸 뒤 봄이 되자 북아메리카 해안을 탐험하러 출발했다. 그런데 돛대가 부러져 수리하러 하와이로 되돌아갔다. 이때는 섬 주민들이 식량이 부족하여 선원들을 환영하지 않았다. 주민 몇 사람이 배의 보트를 훔치자 해안에서 격투가 벌어져 쿡은 창에 찔려 숨졌다.

오스트레일리아 종단 *Across Australia*

영국의 식민지 개척자들이 처음으로 오스트레일리아에 도착한 때는 쿡 선장 일행이 이곳을 떠난 지 10년 뒤인 1788년이었다. 처음에는 교도소 대신 이곳에 보내진 죄수들과 그들을 감시하는 사람들이 대부분이었지만, 곧 다른 사람들도 이주해 왔다. 첫 식민지 개척 마을은 지금의 시드니 지역에 세워졌다. 마을이 점차 늘어나면서 사람들은 새로운 목초지를 찾아 나섰고, 그보다 더 멀리 탐험하기도 했다. 어떤 사람은 남동부의 머리 강과 달링 강을 거슬러 올라가 그레이트디바이딩 산맥을 넘어 북쪽으로 갔으며, 어떤 사람들은 점점 늘어나는 남부의 마을들을 연결하기 위해 떠났다. 그러나 1840년대까지도 오스트레일리아의 중심부는 수수께끼에 둘러싸여 있었다. 고통스러울 정도로 심한 더위와 갈증 때문에 사람들은 중심부에 갈 수 없었다. 그러나 1859년, 남오스트레일리아 정부가 대륙을 남쪽에서 북쪽까지 가장 먼저 종단하는 사람에게 상금을 걸면서 1860년, 험난한 경주가 시작되었다.

스튜어트(1815~1866)

존 맥도엘 스튜어트

스코틀랜드에서 태어난 스튜어트는 오스트레일리아로 이주하여 측량사, 농부, 금 채굴업자 등의 직업을 거치면서 이 지역을 잘 알게 되었다. 1845년에 찰스 스튜어트가 이끄는 탐험대에 들어가 쿠퍼크리크를 발견한 그는 1860년, 대륙 종단을 떠날 때 이미 노련한 탐험가가 되어 있었다. 밀가루와 쥐와 엉겅퀴 등을 먹으며 살아남는 법을 알고 있었다.

인 도 양

스튜어트, 1862년 7월, 세 번째 시도 때 대륙 종단에 성공한다. 제일먼저 이르러 파란색 다리를 비웃듯이 넘는다.

다윈

에들레이드 리버

데일리 워터스

4

스튜어트, 원주민들이 앞길의 덤불에 불을 지르자 첫 번째 시도를 포기한다.

3

테넌트 크리크

스튜어트, 대륙 종단 첫 번째 시도 때 오스트레일리아 중심부에 다다라 한 언덕에 기를 꽂는다. 이 언덕은 뒤에 스튜어트 산이라고 불린다.

2

앨리스 스프링

스티트의 탐험대, 1845년, 심프슨 사막의 찌는 듯한 더위 때문에 오스트레일리아 중심부에 이르지 못했다.

퍼테스큐 강

애슈버턴 강

오 스 트 레 일 리

개스코인 강

머치슨 강

북

서 동

남

에어와 그의 동료들, 물을 찾으려고 땅을 3m나 판다.

에어와 그의 마지막 남은 동료 와일리, 굶주려 거의 죽어 가다 캥거루를 잡는다.

3

세두니

스트리

그레이트오스트레일리아 만

퍼스

올버니

4

에어, 1841년 7월, 올버니에 다다른다

스튜어트의 대륙 종단

1860년 3월, 오스트레일리아를 종단하려고 애들레이드에서 출발한 스튜어트는 동행인 한 사람만 데리고 4월에 대륙의 중심부에 도착했다. 그러나 테넌트크리크 근처에서 적대적인 원주민들이 길을 막아 돌아왔다. 두 번째 시도 때는 데일리워터스 근처까지 갔으나, 가시덤불 장벽 때문에 더 나아갈 수 없었다. 1861년 10월, 세 번째 시도에서 그는 10명의 부하들을 데리고 애들레이드를 출발했다. 그리고 1862년 7월, 지금의 다윈 근처 해안에 도착하여 승리의 깃발을 세웠지만(왼쪽), 경쟁자인 버크가 좀더 동쪽에서 이미 종단에 성공했다는 사실을 몰랐다.

탐험한 길		
스터트		
첫 번째 탐험	1828~30년	1 ++++
두 번째 탐험	1844~45년	4 -o--o-
에어	1840~41년	1 ◆•◆•◆
스튜어트	1861~62년	1 ••••••
버크와 윌스	1860~61년	1 /////

에드워드 에어

열일곱 살 때인 1832년에 오스트레일리아로 간 영국인 에어는 유목업자로서 대륙 여기저기 가축 떼를 몰고 다니며 호수와 반도 등을 발견했다. 1840년에 그는 와일리라는 원주민과 함께 애들레이드와 올버니를 잇는 길을 찾아 힘든 탐험에 나섰다.

에어(1815~1901)

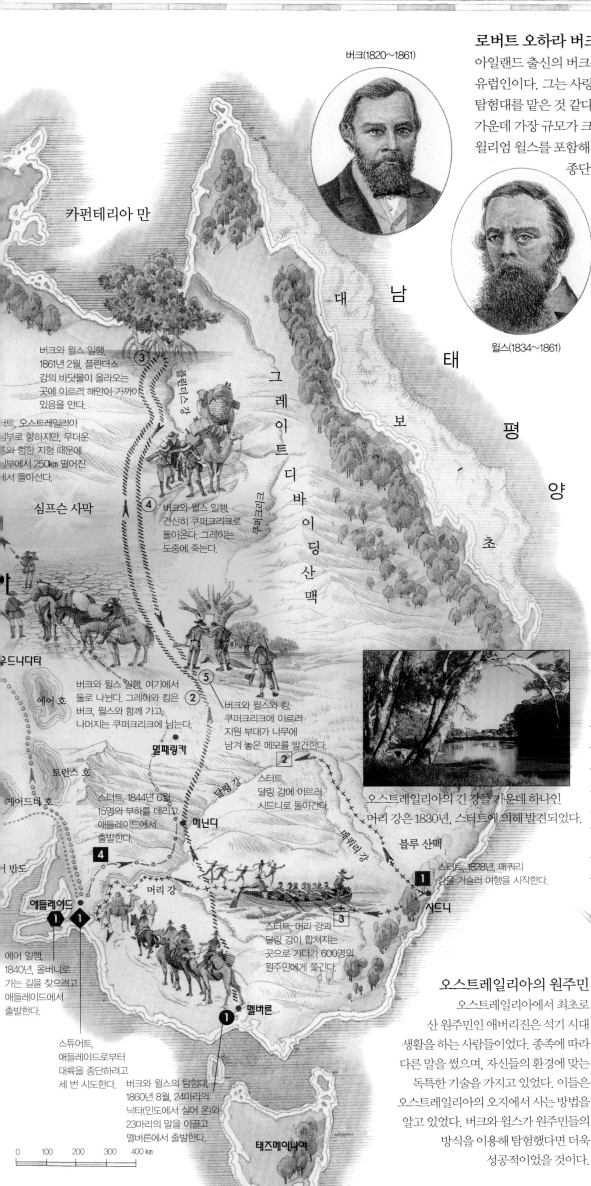

로버트 오하라 버크와 윌리엄 윌스

아일랜드 출신의 버크는 멜버른에서 카펜테리아 만까지 대륙을 종단한 첫 유럽인이다. 그는 사랑의 좌절 때문이거나 상금이 필요해서 1860년의 탐험대를 맡은 것 같다. 버크의 탐험은 오스트레일리아에서 진행된 탐험 가운데 가장 규모가 크고 돈이 많이 들었다. 버크는 영국 출신의 부지휘자 윌리엄 윌스를 포함해 15명의 부하를 데리고 갔다. 그러나 그들은 대륙 종단에 대한 상금을 받기 전에 죽었다.

버크(1820~1861)

윌스(1834~1861)

쿠퍼크리크의 비극

강이라기보다 연못 크기 정도인 쿠퍼크리크는 버크의 탐험대가 모이기로 한 곳이었다. 버크, 윌스, 그레이, 킹은 이곳에 지원 부대를 남겨 놓고 북쪽으로 나아갔다. 그리고 세 명의 생존자만이 굶주려 탈진한 채 이곳으로 돌아왔는데, 지원 부대가 막 떠난 뒤였다. 버크와 윌스는 크리크 옆에서 죽었다.

원주민들의 창

원주민들의 커다란 창은 무기보다는 연장으로 더 자주 쓰였다. 나무 자루 끝에 뼈나 돌을 달았는데, 갈고리 모양의 창도 있었고, 물고기를 잡기 좋게 끝이 뾰족한 창도 있었다. 아래는 전통적인 방법으로 만든 창이다.

스터트(1795~1869)

찰스 스터트

군인 출신의 스터트는 동오스트레일리아 총독 밑에서 일했다. 1828년, 그 지역의 강들을 탐험하고 새로운 목초지를 찾기 위해 파견된 그는 머리 강과 그 지류, 그리고 달링 강의 지도를 작성했다. 1844년에는 오스트레일리아 중부를 탐험하여 그곳에 오로지 사막만 있다는 사실을 확인했다.

오스트레일리아의 원주민

오스트레일리아에서 최초로 산 원주민인 애버리진은 석기 시대 생활을 하는 사람들이었다. 종족에 따라 다른 말을 썼으며, 자신들의 환경에 맞는 독특한 기술을 가지고 있었다. 이들은 오스트레일리아의 오지에서 사는 방법을 알고 있었다. 버크와 윌스가 원주민들의 방식을 이용해 탐험했다면 더욱 성공적이었을 것이다.

카펜테리아 만

대 남 태 평 양 초

대 보 태 평 양

그레이트디바이딩산맥

심프슨 사막

버크와 윌스 일행, 1861년 2월, 플린더스 강의 바닷물이 올라오는 곳에 이르러 해안이 가까이 있음을 안다.

버크, 오스트레일리아 북부로 향하지만, 무더운 날씨와 험한 지형 때문에 북부에서 250km 떨어진 곳에서 돌아선다.

④ 버크와 윌스 일행, 건신히 쿠퍼크리크로 돌아온다. 그레이는 도중에 죽는다.

우드나다타

버크와 윌스 일행, 여기에서 둘로 나뉜다. 그레이와 킹은 버크, 윌스와 함께 가고, 나머지는 쿠퍼크리크에 남는다.

⑤ 버크와 윌스와 킹, 쿠퍼크리크에 이르러 지원 부대가 나무에 남겨 놓은 메모를 발견한다.

에어 호

토런스 호

게어드너 호

반도

애들레이드

에어 일행, 1840년, 올버니로 가는 길을 찾으려고 애들레이드에서 출발한다.

스튜어트, 애들레이드로부터 대륙을 종단하려고 세 번 시도한다.

오스트레일리아의 긴 강들 가운데 하나인 머리 강은 1830년, 스터트에 의해 발견되었다.

스터트, 1844년 6월, 15명의 부하를 데리고 애들레이드에서 출발한다.

밀패링카

달링 강

메닌디

매쿼리 강

블루 산맥

스터트, 달링 강에 이르러 시드니로 돌아간다.

스터트, 1828년, 매쿼리 강을 거슬러 여행을 시작한다.

머리 강

스터트, 머리 강과 달링 강이 합쳐지는 곳으로 가다가 600명의 원주민에게 쫓긴다.

시드니

멜버른

버크와 윌스의 탐험대, 1860년 8월, 24마리의 낙타(인도에서 실어 온)와 23마리의 말을 이끌고 멜버른에서 출발한다.

태즈메이니아

0 100 200 300 400 km

박물학자들
The Naturalists

유럽의 초기 탐험가들의 목적은 금광 발견, 무역, 명성, 그리고 새로운 영토였다. 그러나 18세기 들어서면서 탐험대에 선원, 군인, 무역상, 모험가 외에 과학자들도 포함시켰다. 그들의 목적은 남아프리카, 동남아시아, 그리고 특히 남아메리카를 비롯한 열대 나라에서 야생 생물을 발견하는 것이었다. 남아메리카에 대한 첫 번째 과학 대탐험은 지구의 모양과 크기를 조사하는 측지학을 위한 것이었다. 그러나 그보다 더 중요한 것은 박물학자(야생 동식물을 연구하는 과학자)들이 아마존 강 유역의 열대 우림에서 사는 진귀한 야생 생물들에 대해 흥미를 갖도록 하는 것이었다.

훔볼트(1769~1859)

봉플랑(1773~1858)

알렉산더 폰 훔볼트와 에메이 봉플랑
독일의 박물학자 훔볼트는 모든 분야에 흥미를 가지고 있었으며, 뛰어난 작가이기도 했다. 1797년 그는 식물학을 전공한 프랑스의 박물학자 봉플랑과 한 팀을 이루었다. 그들은 1799년, 남아메리카로 과학 탐험을 떠났다.

봉플랑이 그린 식물
사진이 발명되기 전 박물학자들은 그림 솜씨가 뛰어나야 했다. 오른쪽은 봉플랑이 그린 들모란이다. 봉플랑은 남아메리카에서 3,000여 종의 새로운 식물을 발견하여 표본을 채집했는데, 가장 중요한 것은 기나나무였다. 이 나무의 껍질은 초기의 많은 탐험가들을 죽게 한 열대병 말라리아의 치료제 키니네를 만드는 데 쓰였다.

샤를-마리 드 라 콩다마인
프랑스 과학 학회는 1734년, 라 콩다마인에게 남아메리카로 가는 탐험대를 이끌게 했다. 측지학에 관심이 많은 수학자였던 그는 지구의 모양에 관한 논쟁을 매듭짓기 위해 다른 탐험대가 북극 근처에서 지구의 모양을 측정하는 동안 적도 근처에서 지구의 넓이를 측정했다. 남아메리카의 동식물에 매혹되어 그것들을 연구하려고 10년 동안 그곳에서 머물렀다.

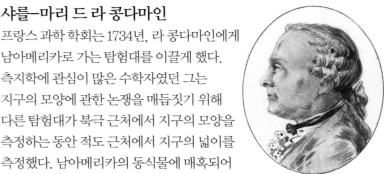

라 콩다마인(1701~1774)

고무
탄성을 가진 고무는 고무나무(왼쪽) 밑동에서 흘러나온 수액, 즉 라텍스로 만든다. 콜럼버스는 남아메리카 사람들이 고무로 만든 공을 가지고 노는 것을 보았는데, 처음으로 이것을 유럽에 가져간 사람은 라 콩다마인이라고 전해진다.

훔볼트와 봉플랑, 1801년 4월, 안데스 산맥을 탐험하려고 출발한다.

라 콩다마인, 1735년 5월, 카르타헤나에서 출발한다.

훔볼트와 봉플랑, 마그달레나 강을 거슬러 여행한 뒤 말을 타고 산을 넘어 보고타로 간다.

라 콩다마인, 만타 근처의 정글에서 사람들이 고무나무에서 수액을 채취하는 것을 본다.

훔볼트와 봉플랑, 침보라소 산에 오른다.

침보라소 산에 도전
훔볼트와 봉플랑은 1802년, 많은 사람들을 데리고 안데스 산맥의 침보라소 산에 오르는 도중 화산 기슭의 기름진 땅에서 자라는 갖가지 식물의 표본을 채집했다. 그들은 산꼭대기가 가까운 해발 5,800m까지 올라가다가 산소가 부족하여 돌아갔는데, 이 기록은 그 뒤 30년간 깨지지 않았다.

라 콩다마인, 아마존 강을 따라 대서양으로 간다.

봉플랑, 로하 근처에서 기나나무 표본을 채집한다.

스프루스, 고무나무를 연구하려고 2년간 타라포토에 머무른다.

라 콩다마인, 말을 타고 리마에 갔다가 쿠엥카로 향한다.

훔볼트와 봉플랑, 리마를 떠나 멕시코를 향해 북쪽으로 향해나간다.

태평양

중앙아메리카

카르타헤나
포르토벨로
파나마
보고타
마그달레나 강
안데스 산맥
케토
침보라소 산
만타
과아킬
쿠엥카
로하
타라포토
아마존 강
우카얄리 강
우아야가 강
트루히요
리마
남

탐험한 길		
라 콩다마인	1735~44년	
훔볼트와 봉플랑	1799~1804년	
월리스와 베이츠	1848~50년	
스프루스	1849~64년	
월리스	1850~52년	
베이츠	1850~59년	

헨리 월터 베이츠

베이츠와 월리스는 훔볼트와 다윈이
쓴 글을 읽고 남아메리카 탐험을 계획했다.
사무원이었던 영국의 베이츠는 식물학에
관심이 많았다. 그는 아마존 유역에서
11년간 지내다가 건강 때문에 1859년,
영국으로 돌아갔는데, 대부분이 곤충인
14,000개의 표본을 가지고 갔다.
반 이상이 유럽 과학자들에게는 알려지지
않은 것이었다.

베이츠(1825~1892)

아마존 큰부리새

베이츠는 〈아마존 강의 박물학자들〉에 '이 숲은
아주 조용하고, 동물들도 보기 어렵다'라고 썼다.
그런데 한번은 그가 새 한 마리를 잡자 한 떼의
성난 새들이 그를 둘러싸고 날카로운 소리로 울어
댔다. 베이츠가 네그루 강 근처에서 본 아름다운
빛깔의 큰부리새였다. 곱슬곱슬한 볏을 달고 있는
이 새는 유럽에는 전혀 알려져 있지 않았다.

알프레드 러셀 월리스

학교 교장이었던 영국의 월리스는
두 살 위인 친구 베이츠처럼
박물학에 관심이 많았다. 그는
남아메리카 탐험 때 와우페스
강에서 살아 있는 표본들을 채집
하여 멀리 해안까지 가져갔지만,
배가 불타서 채집품들을 모두 잃었다.

월리스(1823~1913)

베이츠의 스케치북

베이츠는 자기가 발견한
모든 곤충에 대해 스케치북
(왼쪽)에 자세히 그림을
그리고, 하나하나에 번호를
붙이고 분류 표시를 해
놓았다.

리처드 스프루스

교사였던 영국의 스프루스는 남아메리카로 가기 전에
에스파냐에서 2년간 식물 채집을 했는데, 표본을
팔아 그 돈으로 생활했다. 1849년, 월리스의 형과
같은 배로 남아메리카로 가서 3만 개의 식물 표본을
채집해 1864년에 영국으로 돌아갔다.

스프루스(1817~1893)

카라카스

쿠마나

1

오리노코 강

훔볼트와 봉플랑, 1799년 7월,
쿠마나에 도착해 식물을 채집한다.

훔볼트와 봉플랑,
오리노코 강에서 모기,
흡혈 박쥐와 마주친다.
네그루 강까지 갔다가
돌아간다.

2

산안토니오

오리노코 강

색다른 동식물을 찾는 박물학자
탐험가들은 아마존 강의 열대
우림 깊숙이 들어갔다.

네그루 강

2

와우페스

월리스, 남아메리카의
커다란 표범인 재규어를
보고 놀란다.

1

월리스, 와우페스 강과
네그루 강에서 많은
동식물을 채집한다.

네그루 강

월리스와 베이츠, 1850년
3월, 아마존 강을 거슬러
마나우스로 가서 일행을
둘로 나눈다.

라 콩다민, 1744년,
파라마리보로 가서
프랑스로 떠난다.

파라마리보

5

3 월리스, 영국으로 떠난다.
배에 불이 나서 모든 표본을
잃는다. 바다에서 9일간
표류하다 구조된다.

대 서 양

폰테보아

"에가"

1

상파울루
데올리벤사

베이츠, 1857년,
가솔을 타고 상파울루
데올리벤사까지 간다.

베이츠, "에가" 근처에
몇 년간 머무르며
수천 종의 곤충 표본을
채집한다.

마나우스

4

스프루스, 산타렘
근처에서 식물과
곤충을 채집하며
1년을 지낸다.

산타렘

2

아마존 강

1 벨렘(파라)

스프루스, 1849년 10월,
파라에 도착하여
아마존 강가를 따라
산타렘으로 간다.

월리스와 베이츠,
1848년 4월, 파라에
도착한다.

월리스와 베이츠, 파라 근처의 숲에서
나비를 수집하며 18개월을 지낸다.
단 3주일 만에 150종을 발견한다.

2

마레이라 강

타파조스 강

3 베이츠, 산타렘을
기지로 하여
타파조스 강을
탐험한다.

싱구 강

토칸틴스 강

월리스와 베이츠
카누를 타고
토칸틴스 강을
거슬러 올라갔다가
파라로 돌아간다.

3

북

서   동

남

아   메   리   카

다윈과 비글 호
Darwin and the Beagle

비글 호의 가장 중요한 항해 목적은 남아메리카 주변의 바다를 측량하고 지도를 그리는 것이었다. 다윈은 항해하는 동안 진화론의 기초가 될 중요한 증거들을 수집했다. 다윈이 진화론을 처음으로 제창하지는 않았지만, 진화의 이론을 설명한 사람은 그가 처음이었다. 그의 책 〈종의 기원〉이 1859년에 발간되어 많은 사람들을 놀라게 했다. 모든 생물체는 하나님에 의해 창조되었다는 성경의 창조론을 의심한다고 하여 많은 공격을 받았다.

찰스 다윈
영국의 부유한 집안에서 태어난 다윈은 의사인 아버지를 따라 한동안 의학을 공부했다. 그 뒤 성직자가 되려 하다가 포기했다. 자연 과학에 흥미를 가지고 있었던 그는 스물세 살 때인 1831년, 비글 호의 박물학자가 되었다.

다윈(1809~1882)

군함 비글 호
1825년부터 해군함으로 사용된 비글 호는 다윈이 이 배의 승무원이 되기 전 이미 세계일주 항해를 했었다. 1831년의 항해를 위해 많은 비용을 들여 수리했지만, 74명의 승무원이 타기에는 비좁았다. 다윈은 해도실 한쪽에서 지내며 일했는데, 뱃멀미가 심해서 항구에 도착할 때마다 무척 기뻐했다.

비글 호

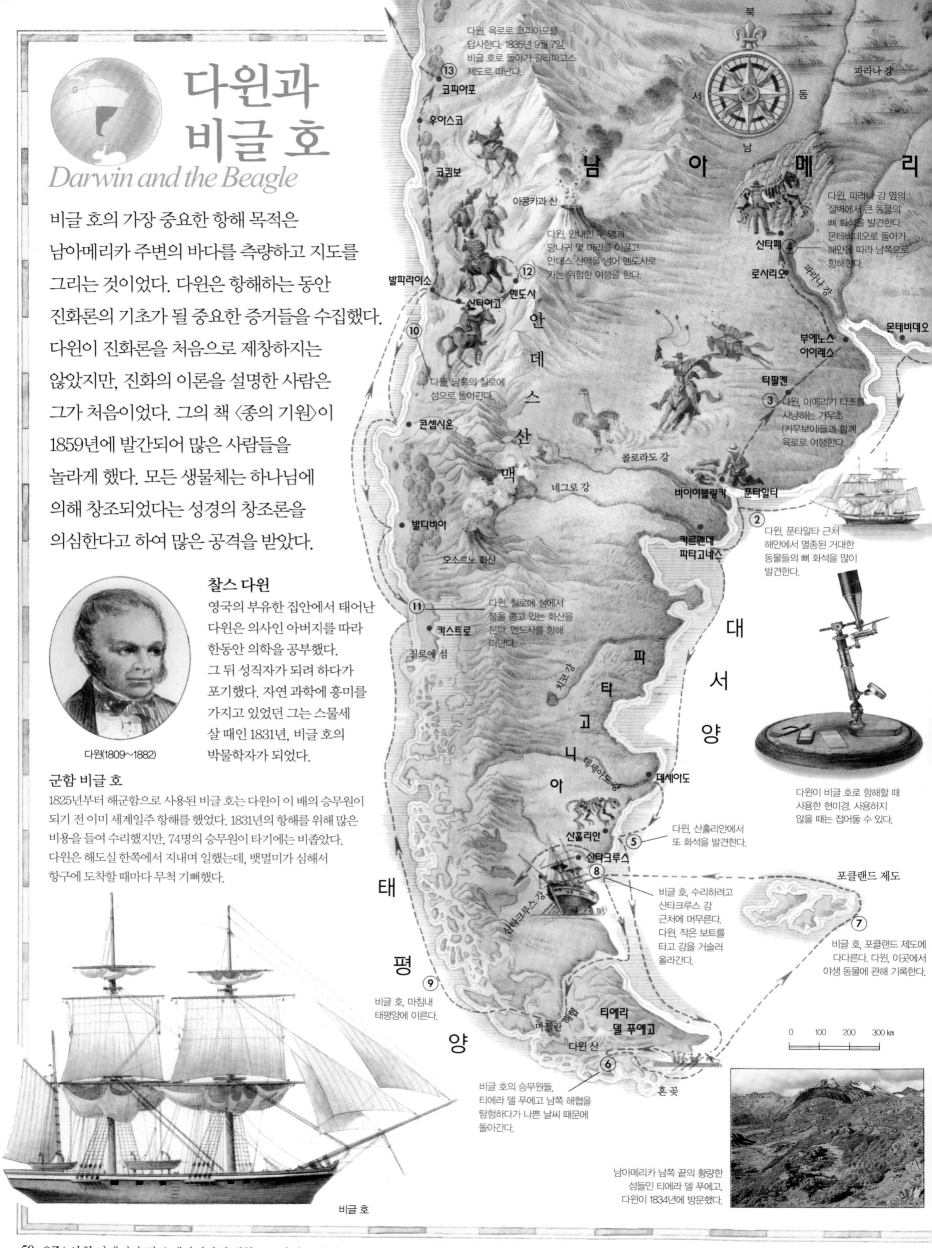

다윈 육로로 쇼피아포를 답사한다. 1835년 9월 7일, 비글 호로 돌아가 갈라파고스 제도로 떠난다.

⑬ 코피아포

우아스코

코큄보

아콩카과 산

다윈, 안내인 두 명과 당나귀 몇 마리를 이끌고 안데스 산맥을 넘어 멘도사로 가는 위험한 여행을 한다.

발파라이소

⑫ 멘도사

산티아고

⑩

다윈, 남쪽의 칠로에 섬으로 돌아간다.

콘셉시온

발디비아

오소르노 화산

⑪

카스트로

칠로에 섬

파라나 강

남 아 메 리 카

다윈, 파라나 강 옆의 절벽에서 큰 동물의 뼈 화석을 발견한다. 몬테비데오로 돌아가 해안을 따라 남쪽으로 항해한다.

산타페 ④

로사리오

파라나 강

부에노스 아이레스

몬테비데오

타팔켄

③ 다윈, 아메리카 타조를 사냥하는 가우초 (카우보이)들과 함께 육로로 여행한다.

안 데 스 산 맥

콜로라도 강

네그로 강

바이아블랑카

푼타알타

카르멘데 파타고네스

② 다윈, 푼타알타 근처 해안에서 멸종된 거대한 동물들의 뼈 화석을 많이 발견한다.

다윈, 칠로에 섬에서 불을 뿜고 있는 화산을 본다. 멘도사를 향해 떠난다.

대 서 양

파 타 고 니 아

치코 강

테세이도 강

데세이도

다윈이 비글 호로 항해할 때 사용한 현미경. 사용하지 않을 때는 접어둘 수 있다.

산훌리안 ⑤

산타크루스

⑧

다윈, 산훌리안에서 또 화석을 발견한다.

비글 호, 수리하려고 산타크루스 강 근처에 머무른다. 다윈, 작은 보트를 타고 강을 거슬러 올라간다.

산타크루스 강

태 평 양

⑨ 비글 호, 마침내 태평양에 이른다.

포클랜드 제도

⑦ 비글 호, 포클랜드 제도에 다다른다. 다윈, 이곳에서 야생 동물에 관해 기록한다.

마젤란 해협

티에라 델 푸에고

다윈 산

⑥ 비글 호의 승무원들, 티에라 델 푸에고 남쪽 해협을 탐험하다가 나쁜 날씨 때문에 돌아간다.

혼 곶

0 100 200 300 km

남아메리카 남쪽 끝의 황량한 섬들인 티에라 델 푸에고, 다윈이 1834년에 방문했다.

북 서 동 남

비글 호의 항해(1831~36)

오른쪽 지도는 비글 호의 항로를 보여준다. 1831년 12월, 비글 호는 영국 제도를 출발하여 1832년 2월, 남아메리카에 도착했다. 다윈의 거의 모든 작업은 이 배가 남아메리카 해안을 따라 항해한 뒤 서쪽의 갈라파고스 제도로 항해한 3년 반 동안에 이루어졌다. 비글 호는 태평양을 건너 타히티 섬으로 갔다가 뉴질랜드와 오스트레일리아에서 잠시 머무른 뒤, 세인트헬레나 섬을 거쳐 남아메리카로 갔다. 그리고 영국으로 돌아갔다.

① 비글 호, 남아메리카에 이르러 해안선을 따라 남쪽으로 항해한다.

다윈은 남아메리카의 암석에서 화석을 채취할 때 오른쪽의 지질학자용 망치를 사용했다.

밀로돈 다위니

다윈은 푼타알타의 암석에서 멸종된 이 거대한 나무늘보의 뼈 화석을 발견했다. 이 발견은 동물이 시간이 지나면서 환경에 적응해 간다는 그의 이론을 증명해 주었다. 이런 거대한 유사 이전의 생물이 남아메리카에서 살았다는 사실을 전혀 몰랐던 영국은 흥분에 휩싸였다. 이것은 '밀로돈 다위니'라고 불린다.

분화와 진동

다윈은 안데스 산맥을 탐험하는 동안 화산 가까이 높은 산에서 바다조개 껍데기를 발견했다. 이것은 이 육지가 바다 밑에서 융기하여 비바람에 깎였다는 사실을 말해 준다. 다윈은 그 뒤 칠로에 섬에서 지진에 의한 진동을 느꼈다. 그리고 지진 뒤에 해안의 한 부분이 바다로부터 2~3미터 융기한 사실을 알았다.

갈라파고스 제도

남아메리카의 북서 해안에서 1,000km쯤 떨어진 이 무인도에는 독특한 야생 생물들이 산다. 이곳에서 발견된 거대한 거북의 이름을 따서 이 섬들을 갈라파고스(에스파냐어로 '거대한 거북'이라는 뜻) 제도라고 했다.

바다 밑에서 화산이 폭발하여 생긴 갈라파고스 제도(왼쪽)에는 낮은 절벽과 검은 표석들이 있다.

비글 호의 선원들은 먹기 위해 가끔 이 커다란 거북들을 잡으려 했다.

기록

비글 호의 장교들은 다윈을 '늙은 철학자'라고 불렀다. 다윈은 발견한 것들을 공책에 모두 기록했다. 고향으로 돌아가자마자 이 기록을 기초로 하여 항해 보고서를 쓰고, 몇 년간에 걸친 산호초 연구 등을 정리했다. 이 기록들은 그가 1837년에 시작한 진화에 대한 연구의 기초가 되었다.

비글 호, 이사벨라 섬에 닻을 내린다

갈매기

다윈, 산살바도르 섬에서 야생 생물을 연구하며 1주일을 지낸다.

⑯

갈라파고스 펭귄

⑰ 산살바도르 섬

페르난디나 섬

라비다 섬

핀손 섬

발트라 섬

물개

바다 이구아나

이사벨라 섬

육지 이구아나

산타크루스 섬

산타페 섬

비글 호, 1835년 9월 16일, 산크리스토발 섬에 이른다. 선원들, 상륙하여 두 마리의 거대한 거북을 본다.

산크리스토발 섬

갈라파고스 황소거북

⑭

푸른 바다거북

산타마리아 섬

⑮

비글 호, 산타마리아 섬에 닻을 내린다. 다윈, 이 섬에서 많은 동식물을 채집한다.

태평양

0 10 20 30 km

진화의 증거

갈라파고스핀치 새는 진화론을 증명하는 데 중요한 자료가 되었다. 다윈은 각 섬에 있는 이 새들의 생김새가 환경에 따라 조금씩 다르다는 사실을 알게 되었다. 먹잇감이 조개인 섬에서는 크고 강한 부리를 가진 종류가, 나무껍질 속의 곤충인 섬에서는 길고 가는 부리를 가진 종류가 살고 있었다.

세계 지도

북아메리카, 영국 제도, 유럽, 아시아, 아조레스 제도, 대서양, 카나리아 제도, 카보베르데 제도, 아프리카, 인도, 중국, 한국, 태평양, 적도, 갈라파고스 제도, 남아메리카, 어센션 섬, 인도양, 코코스 섬, 타히티 섬, 세인트헬레나 섬, 모리셔 제도, 희망봉, 오스트레일리아, 포클랜드 제도, 뉴질랜드, 남극 대륙

해양 탐험
Ocean Exploration

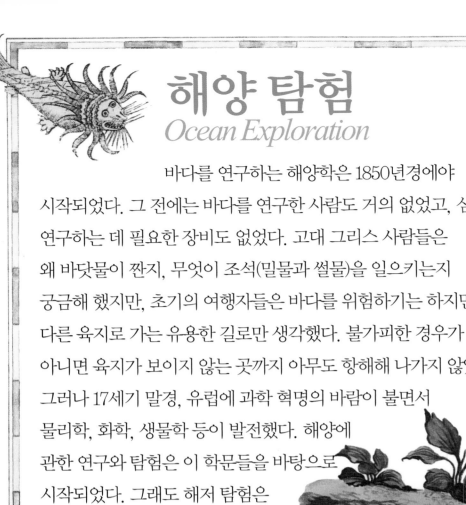

바다를 연구하는 해양학은 1850년경에야 시작되었다. 그 전에는 바다를 연구한 사람도 거의 없었고, 심해를 연구하는 데 필요한 장비도 없었다. 고대 그리스 사람들은 왜 바닷물이 짠지, 무엇이 조석(밀물과 썰물)을 일으키는지 궁금해 했지만, 초기의 여행자들은 바다를 위험하기는 하지만 다른 육지로 가는 유용한 길로만 생각했다. 불가피한 경우가 아니면 육지가 보이지 않는 곳까지 아무도 항해해 나가지 않았다. 그러나 17세기 말경, 유럽에 과학 혁명의 바람이 불면서 물리학, 화학, 생물학 등이 발전했다. 해양에 관한 연구와 탐험은 이 학문들을 바탕으로 시작되었다. 그래도 해저 탐험은 얕은 곳이 아니면 매우 어려웠다.

깊은 바다의 괴물
초기의 항해자들은 바다를 위험하고, 무시무시한 괴물로 가득 차 있는 곳으로 생각했다. 지도 제작자들은 지도 속의 바다를 나타내는 빈 공간을 거대한 괴물들로 채웠다. 16세기에는 많은 항해자들이 머리를 빗고 있는 인어를 보았다고 했다. 1825년에는 실제로 '인어' 한 마리가 영국 런던에서 전시되었는데, 결국은 가짜 꼬리를 단 여자로 밝혀졌다.

지중해의 마르실리
이탈리아의 백작인 루이지 페르디난도 마르실리는 처음으로 본격적인 해저 탐험을 했다. 그는 1706년, 프랑스 근처의 지중해 연안에서 고기잡이배를 빌려 산호잡이 그물로 산호를 비롯한 바다 생물의 표본을 채집했다. 채집한 표본들을 현미경으로 관찰하고, 해저 지도를 만들고, 바닷물의 온도를 쟀다. 그는 연구를 통해 산호와 해면을 식물이라고 단정지었지만, 사실 이것들은 동물이다.

마르실리가 그린 산호

마르실리가 사용한 그물

대서양의 모리
1850년대에는 대서양에 전신용 해저 케이블을 설치하려는 계획 때문에 해저 연구가 중요해졌다. 미국의 항해 전문가였던 매슈 폰테인 모리는 1849년, 최초의 해저 탐험에 나섰다. 조수인 존 브루크가 바다의 깊이를 재는 측심기를 발명하자 해저 지도 작성이 가능해졌다. 모리는 이를 바탕으로 대서양의 단면도(위 그림)를 그렸는데, 1855년에 출간되었다.

승무원이었던 펠럼 올드리치가 쓴 챌린저 호 항해일지의 첫 페이지

챌린저 호의 항해
19세기 후반에 해양학의 신기원을 알리는 획기적인 사건이 있었다. 영국 군함 챌린저 호가 해양탐사를 시작한 것이다. 이 배에는 두 곳의 실험실과 바다의 깊이를 재는 측심기를 포함, 당시 가장 발전된 장비들이 갖추어져 있었다. 1872년부터 1876년까지 북극해를 뺀 모든 바다를 항해하면서 챌린저 호의 과학자들은 산호초와 섬들은 물론, 바닷물과 그 성분 등도 조사했다. 〈챌린저 보고서〉는 50권이나 되었다.

북아메리카
헬리팩스
버뮤다 제도
비비 923m, 1934년
카나리아 제도
푸에르토리코
대 서 양
카보 베르데
하와이 제도
적도
태 평 양
남아메리카
타히티 섬
챌린저 호의 항로
발파라이소
몬테비데오
포클랜드 제도
영국 제도
남 극

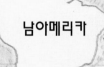

측심기

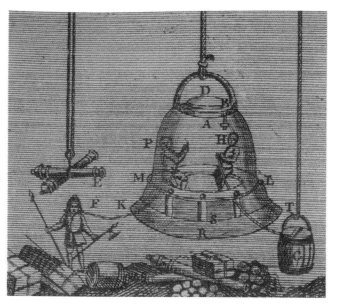

핼리의 잠수종

초기의 잠수 장치인 잠수기는 찻잔을 엎어 놓은 모양이었다. 물속으로 내려가면 속에 있는 공기가 압축되고, 속에 물이 차는 것을 막기 위해 공기를 펌프로 넣어 주었다. 처음으로 제대로 작동한 잠수기는 1690년에 에드먼드 핼리가 발명했는데, 나무로 만들어서 가라앉으려고 둘레에 납을 둘렀다. 그리고 교묘하게 이어진 통과 가죽 파이프를 통해 공기를 공급했다. 핼리에 따르면, 네 사람이 18m 깊이에서 90분 동안 일할 수 있었다고 한다.

잠수 헬멧(☆1840년)

초기의 잠수복

1797년, 독일의 발명가 클라인거트가 발명한 잠수복은 잠수부의 상반신을 통으로 둘러싸는 것이었다. 1819년, 아우구스투스 시베는 위의 그림 같은 개방적인 잠수복을 발명해 잠수부가 좀더 자유롭게 움직일 수 있도록 했다. 가장 중요한 부분은 금속제 헬멧이었다. 밖에서 관을 통해 공기를 헬멧 속으로 넣었고, 숨쉰 공기는 목 아래쪽으로 빠져나가게 했다. 공기는 잠수부가 일하는 곳의 깊이에 따라 알맞은 압력으로 채워져 물이 헬멧 속으로 들어가는 것을 막았다.

바닥을 납으로 만든 잠수화(☆1840년)

비비와 잠수구

1934년, 미국의 발명가 찰스 윌리엄 비비가 공 모양의 잠수구로 대서양의 버뮤다에서 923m까지 잠수하여 이전 기록을 깼다. 지름이 1.5m도 안 되는 이 잠수구는 비비(오른쪽 사진의 오른쪽)와 그의 기술자인 오티스 바튼이 발명했다. 강철로 만들었으며, 튼튼한 쇠사슬을 매달아 배에서 내렸다. 비비는 어두운 깊은 바닷속에서 이상하게 생긴 생물들을 발견했다.

스쿠버(아쿨렁)

1943년, 프랑스의 해양학자인 자크 쿠스토가 발명한 스쿠버에 의해 잠수부들은 처음으로 공기 호스 등으로 연결되지 않고 30m 깊이까지 들어갈 수 있었다. 공기는 고압의 원통(봄베)에서 고무호스를 통해 마우스피스로 공급되고, 눈과 코는 앞쪽에 유리가 있는 방수 마스크로 가린다. 스쿠버 덕분에 바닷속의 아름다운 세상을 탐험할 수 있게 되었다.

압축 공기 통

얼굴 보호 마스크

트리에스테 호

벨기에의 과학자 오귀스트 피카르가 비행선 연구에서 힌트를 얻어 발명한 바티스카프는 최초의 심해 관측용 잠수정이다. 미국 해군에서는 피카르의 두 번째 바티스카프인 트리에스테 2호(위의 사진)를 사들였는데, 1960년에는 피카르의 아들 자크와 해군 장교 돈 월시가 이 잠수정으로 수심 11,000m가 넘는 태평양의 마리아나 해구(세계에서 가장 깊은 해구)의 바닥까지 잠수했다. 이 잠수정 아래에 달려 있는 강철로 만든 공 같은 곳에서 깊은 바다의 놀라운 생물들을 볼 수 있었다.

아프리카의 신비
The Mystery of Africa

200년 전까지 유럽인들은 해안의 일부 지역 외에는 아프리카에 대해 아는 것이 없었다. 초기 유럽의 탐험가들은 안전한 항구를 찾기 어려운 아프리카의 험난한 지형을 좋아하지 않았다. 육지는 대부분 사막이나 정글이었고, 강들은 거대한 늪의 삼각주로 끝나거나 폭포에 가로막혀 있었다. 16세기 이후 아프리카의 항구를 찾아간 유럽의 배들은 황금과 상아, 향료 등을 제외하면 아메리카의 식민지에 팔아 큰돈을 남길 수 있는 노예들만 데려가고 싶어 했다. 쿡 선장과 함께 태평양을 횡단한 영국의 식물학자 조셉 뱅크스가 1788년, 아프리카 협회를 설립하면서 아프리카 탐험이 본격적으로 시작되었다. 첫 탐험은 사하라 사막과 서아프리카, 그리고 나일 강의 수원을 찾는 것까지였다.

상상의 지도
16세기 프랑스의 아프리카 지도(위 그림)는 포르투갈 탐험가들의 항해 덕분에 해안은 꽤 정확하다. 그러나 내륙은 신비에 싸여 있어서 머리가 없는 사람, 팔이 여섯인 사람, 이상한 동물 등을 상상으로 그려 넣었다. 그리고 16세기 유럽인들이 모두 그렇게 상상한 것처럼 나일 강이 대륙을 완전히 관통하여 남쪽 끝의 '달의 산맥'(지금의 루웬조리 산맥)까지 뻗어 있음을 보여준다.

멍고 파크
아프리카 협회는 1795년, 스코틀랜드 출신의 멍고 파크에게 나이저 강을 탐험하게 했다. 파크는 나이저 강을 성공적으로 탐험하고 영국으로 돌아갔지만, 사람들이 자신을 위대한 탐험가로 생각해 주지 않자 실망했다. 그리고 1805년, 나이저 강의 수원까지 가려고 출발했다. 다음 해, 그의 카누가 원주민의 습격을 받아 그는 물에 빠져 죽었다.

파크(1771~1806)

카이에(1799~1838)

르네 카이에
프랑스 출신의 카이에는 1828년, 유럽인으로는 처음으로 사하라 사막의 주요 도시 통북투를 방문하고 살아 돌아왔다. 이슬람교도들인 이 지역 사람들은 기독교도에게 적대적이었기 때문에 카이에는 아랍 사람으로 변장하고 여행했다. 통북투에 도착했을 때 그곳이 전설처럼 황금 도시가 아니라 흙담집들만 있는 부락임을 알고 실망했다.

잔혹한 사막
유럽인들은 뜨겁고 메마른 사하라 사막을 길게 여행할 때는 대상과 함께 다녔고, 짧게 여행할 때는 안내인을 고용했다. 가장 큰 위험은 물이 바닥나는 것이었다.

하인리히 바르트
영국 정부에서 근무한 독일인 바르트는 사하라 사막과 서아프리카에서 대부분 말을 타고 다니며 5년을 지냈다. 그는 차드 호와 베누에 강을 탐험하고 통북투를 방문했다. 위험한 아랍 지역을 여행하기 위해 피부를 검게 칠하고, 아랍 사람처럼 옷을 입었다.

카이에, 1828년, 유럽인으로는 처음으로 사하라 사막을 건넜다.

바르트(1821~1865)

파크, 1805년 5월, 아프리카로 가서 나이저 강을 다시 탐험하려고 출발한다.

파크, 1795년 12월, 감비아 강에 이르러 말을 타고 출발한다.

파크, 세구에 이르러 처음으로 나이저 강을 보지만, 홍수 때문에 돌아간다.

카이에, 1827년 3월, 서아프리카에 도착한다.

카이에, 통북투에 이르러 2주간 머무른다.

바르트, 통북투를 떠나 나이저 강을 따라 내려간다.

파크, 1806년, 부사 폭포에서 원주민들의 공격을 받아 물에 빠져 죽는다.

바르트, 1844년, 첫 번째 탐험의 시작으로 라바트에 도착한다.

카이에, 6주일 만에 아틀라스 산맥을 넘는다. 탕헤르에 도착하여 프랑스의 고향으로 항해한다.

카이에, 1,200마리의 동물들을 데려가는 대상들과 함께 모로코로 항해해 간다.

탕헤르 · 라바트 · 페스 · 모로코 · 세네갈 강 · 감비아 강 · 바마코 · 세구 · 나이저 강 · 통북투 · 부사 폭포 · 대 · 서 · 양

탐험한 길
브루스		1768~73년	
파크	첫 번째 탐험	1795~97년	
	두 번째 탐험	1805~06년	
카이에		1827~28년	
바르트	첫 번째 탐험	1844~45년	
	두 번째 탐험	1850~55년	
버턴과 스피크		1857~58년	
스피크	첫 번째 탐험	1858년	
	두 번째 탐험	1860~63년	

리처드 버턴

영국의 학자이자 탐험가였던 버턴은
1853년, 이슬람 성도 메카를 방문했다.
19세기의 인디아나 존스로 불리며, 29개
언어를 말하는 언어의 천재였다.
동아프리카 탐험 때는 존 해닝 스피크를
동행자로 삼았다.

버턴(1821~1890)

나일 강의 수원을 찾아

버턴과 스피크는 1857년, 나일 강이 시작되는
물줄기를 찾기 위해 함께 출발했지만,
탕가니카 호에서 버턴이 심한 병에 걸려
스피크 혼자서 여행을 계속했다. 북쪽으로
가다가 큰 호수를 발견하여 빅토리아 호라고
이름붙이고 스피크는 이 호수가 나일 강의
수원이라고 믿고 떠났다. 1860년, 제임스
그랜트와 함께 그 호수를 향해 또 출발했지만,
원주민이 길을 막아(왼쪽) 5개월이나 지체
되었다. 마침내 1862년, 호수 북쪽에 있는
라이폰 폭포가 나일 강의 수원이라는 사실을
발견했다.

존 해닝 스피크

오랫동안 아프리카 탐험의 꿈을 지니고 있던 영국
출신의 탐험가 스피크는 1855년, 인도에서 군복무를
마치고 아프리카를 여행할 수 있게 되었다.
2년도 되지 않아 그는 버턴과 함께 동아프리카를 탐
험하고 있었다.

스피크(1827~1864)

스피크의 스케치

스피크가 스케치북에 그린
영양들. 이 중에서 그랜트영양은
스피크가 1860년의 탐험 때 함께 간
그랜트의 이름을 땄다.

스코틀랜드의 탐험가
제임스 브루스, 1768년,
나일 강의 수원을 찾으려고
카이로에서 출발한다.

나일 강이 시작되는 폭포

나일 강은 머치슨 폭포에서
앨버트 호로 떨어진다.
새뮤얼 베이커 부부가
나일 강의 수원을 찾던 중
1864년, 유럽인으로는
처음으로 이 폭포를
발견했다.

브루스, 1770년,
타나 호에 도착하여
이 호수가 청나일 강
(나일 강의 지류)의
수원임을 확인한다.

지 중 해

튀니스

산 맥

트리폴리

바르트, 1850년
3월, 다른 탐험대와 함께 ③
사하라 사막을 건넌다.

바르트, 1845년, 1년에
걸쳐 해안을 탐험하고
알렉산드리아에
도착한다.

알렉산드리아 ②

카이로 ①

홍

바르트, 시막을 유랑하는 ⑤
유목민인 투아레그 족과
마주친다. 가트

바르트의 탐험대, 무르주크에
5주간 머무르며 가트로 가는 ④
안전한 길을 검토한다.

무르주크

북

서   동

남

지다

사 하 라 사 막

바르트, 아가데스에 ⑥
한 달간 머무르며
이 지역에 관해
기록한다.

아가데스

바르트, 1855년 5월, ⑩
시막을 건너 돌아간다.

나일 강

해

마사와

바르트, 1851년,
카노에 도착한다. ⑦

카노

차드 호

바르트, 차드 호 주위를 탐험한다.
동료 중 두 명이 말라리아에 ⑧
걸려 죽는다. 통북투로 떠난다.

아 프 리 카

스피크와 그랜트,
하르툼에서 배를 타고 ④
유럽으로 떠난다.

하르툼

타나 호 ②

청나일 강

나이저 강

베누에 강

올라

콩고 강

나이지 강

스피크와 그랜트, 탈진하여
곤도코로에 도착한다. 나일 강을
따라 하르툼까지 간다.

곤도코로 ③

스피크, 1862년 7월, 마침내
라이폰 폭포에서 나일 강의
수원을 발견한다.

앨버트 호

머치슨 폭포

달의 산맥

라이폰
폭포

에드워드 호

②

빅토리아 호

스피크, 1858년 8월,
혼자 출발하여 빅토리아
호를 발견한다. ❶

탕가니카 호

우지지

버턴과 스피크, 탕가니카 호에 ②
도착한다. 타보라로 돌아가 헤어진다.

타보라

잔지바르

버턴과 스피크, 1857년 6월, ▲
탐험을 시작한다.

인

도

양

55

리빙스턴과 스탠리
Livingstone and Stanley

아프리카는 국그릇을 엎어놓은 것처럼 해안 근처의 땅은 평평하지만, 내륙 가장자리는 급격히 높다가 대륙 내부는 다시 평평하다. 이 대륙을 탐험한 유럽인들은 험한 산을 힘들여 오르는 대신 병, 굶주림, 가뭄, 약탈 등의 어려움을 겪었다. 19세기에 아프리카의 강들을 탐험한 많은 유럽인들 가운데 가장 잘 알려진 사람은 리빙스턴과 스탠리이다. 스코틀랜드의 선교사인 리빙스턴은 잠베지 강을 탐험했으며, 나일 강의 수원을 찾으려 했다. 신문 기자인 스탠리는 유럽인들이 탐험하지 않은 아프리카 대륙 중앙부의 콩고 강을 대륙 중앙의 지류부터 바다까지 약 3,220km나 탐험했다.

데이비드 리빙스턴

스물여덟 살 때 선교사 신분으로 남아프리카로 간 리빙스턴은 의사 겸 성직자였다. 그는 유럽의 지식과 무역의 힘으로 아프리카 사람들의 생활을 개선하려고 했다. 1853년부터 1856년까지 잠베지 강을 따라 대륙을 질러 바다에 이르렀고, 1858년부터 1864년까지는 시레 강과 니아사 호, 그리고 루부마 강 등을 탐험했다. 그는 나일 강의 수원을 찾으려고 탐험하다가 죽었다.

리빙스턴 (1813~1873)

노예 제도

리빙스턴이 아프리카에 머무르는 동안 유럽에서는 이미 노예무역이 금지되었는데도 아프리카 원주민들은 아랍인들에 의해 노예로 팔려갔다. (왼쪽) 리빙스턴은 자신의 탐험이 내륙으로 통하는 길을 열어 주어 노예 운송을 도와주었다는 사실을 깨닫고 놀랐다. 그는 30년 동안 아랍인들의 노예무역을 막는 일에 앞장섰다. 잔지바르에 있는 아프리카의 중심적인 노예 시장은 1873년, 리빙스턴이 죽은 지 한 달 뒤에 폐쇄되었다.

잠베지 강 탐험

리빙스턴이 잠베지 강의 상황을 매우 긍정적으로 보고하자 영국 정부는 그를 대장으로 하는 공식적인 탐험대를 파견했다. 이 탐험대의 탐험에는 그의 부인 메리도 함께 했다. 그러나 사나운 급류가 탐험을 방해하여 리빙스턴의 기대처럼 잠베지 강이 아프리카 내륙으로 가는 가장 빠른 길이 되지는 못했다.

길을 찾아

리빙스턴은 잠베지 강 탐험 때 나침반을 가지고 갔다. 영국 정부는 증기선을 포함, 모든 장비를 대 주었다.

스탠리(1841~1904)

헨리 모턴 스탠리

미국의 모험가 스탠리는 종종 '내 방법은 리빙스턴과는 다를 것이다'라고 말하곤 했다. 그는 리빙스턴과 달리 지리학이나 아프리카 원주민들에 대한 관심보다 명성과 재산에 더 관심이 많았다. 그리고 리빙스턴이 거의 혼자 여행한 데 비해 스탠리의 아프리카 탐험대는 규모가 크고 무장이 잘 되어 있었다.

유명한 만남

1871년, 미국의 한 신문사가 스탠리를 고용하여 행방불명된 리빙스턴을 찾게 했다. 늙고 병든 한 백인을 탕가니카 호 근처에서 보았다는 소문이 잔지바르에 돌고 있었다. 스탠리는 200명의 짐꾼을 이끌고 출발했다. 긴 여행 끝에 그는 총을 번쩍거리고 미국 국기를 흔들며 우지지에 도착했다. 그러나 리빙스턴이 나타났을 때 스탠리는 압도되었다. 스탠리는 모자를 벗고 '리빙스턴 박사님이십니까?' 하고 정중히 물었다.

다른 스타일

1871년 11월 10일, 우지지에서의 만남 때 리빙스턴(왼쪽)과 스탠리(오른쪽)가 각각 쓰고 있던 모자이다.

리빙스턴의 마지막 탐험

리빙스턴은 병을 앓고 있으면서도 스탠리와 함께 영국으로 돌아가는 것을 거절하고 루아플라 강으로 향했다. 그 강이 나일 강에 이른다고 생각해서였다. (사실은 콩고 강에 이른다) 그때는 우기였으므로 그는 방웨울루 호 주변의 늪지대 같은 곳에서는 들것에 들려 다녀야 했다. 1873년 5월의 어느 이른 아침, 부하들은 그가 기도하듯이 무릎을 꿇고 있는 것을 발견했다. 그는 죽어 있었다. 유언대로 시체는 잔지바르로 운반되어 고향으로 보내졌으나, 심장은 아프리카에 묻혔다.

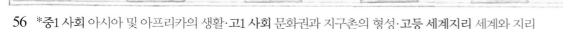

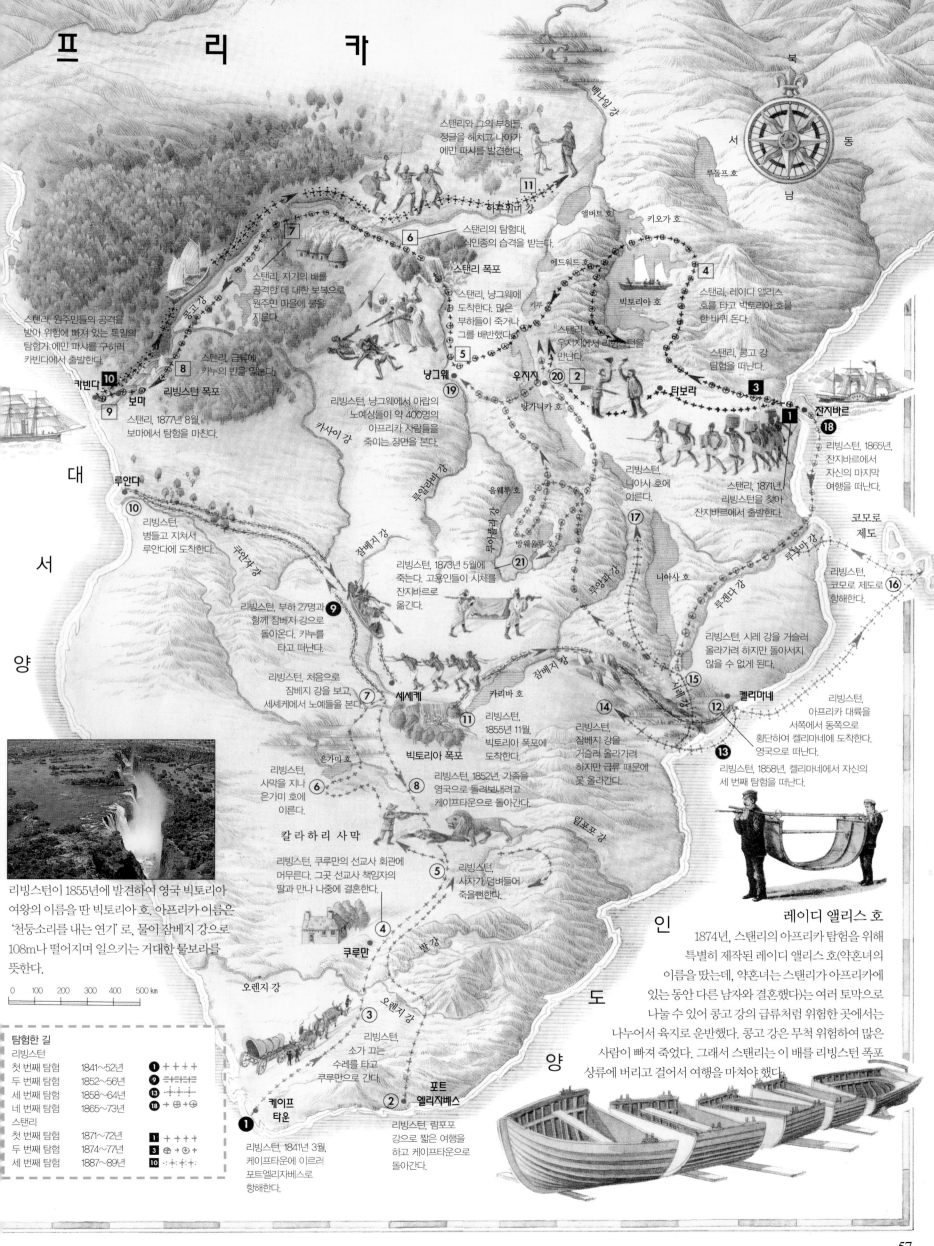

프리카

북
서　동
남

스탠리와 그의 부하들, 정글을 헤치고 나아가 에민 파샤를 발견한다. [11]

스탠리의 탐험대, 식인종의 습격을 받는다. [6]

스탠리, 자기의 배를 공격한 데 대한 보복으로 원주민 마을에 불을 지른다. [7]

스탠리 폭포

스탠리, 냥그웨에 도착한다. 많은 부하들이 죽거나 그를 배반했다. [5]

스탠리, 우지지에서 리빙스턴을 만난다. [20] [2]

스탠리, 레이디 앨리스 호를 타고 빅토리아 호를 한 바퀴 돈다. [4]

스탠리, 콩고 강 탐험을 떠난다. [3]

스탠리, 원주민들의 공격을 받아 위험에 빠져 있는 독일의 탐험가 에민 파샤를 구하러 카빈다에서 출발한다. [10]

스탠리 급류에 카누의 반을 잃는다. [8]

리빙스턴 폭포

스탠리, 1877년 8월, 보마에서 탐험을 마친다. [9]

카빈다 [10]
보마 [9]

루돌프 호
앨버트 호
키오가 호
에드워드 호
빅토리아 호
키부
탕가니카 호

잔지바르 [18]
리빙스턴, 1865년, 잔지바르에서 자신의 마지막 여행을 떠난다.

스탠리, 1871년, 리빙스턴을 찾아 잔지바르에서 출발한다.

우지지 [20] [2]
타보라 [1]

냥그웨 [19] [5]

리빙스턴, 냥그웨에서 아랍의 노예상들이 약 400명의 아프리카 사람들을 죽이는 장면을 본다.

카사이 강
콩고 강

대
서
양

루안다 [10]
리빙스턴, 병들고 지쳐서 루안다에 도착한다.

쿠안자 강
잠베지 강
루알라바 강
음웨루 호
방웨울루 호

리빙스턴, 니아사 호에 이른다. [17]

리빙스턴, 1873년 5월에 죽는다. 고용인들이 시체를 잔지바르로 옮긴다. [21]

코모로 제도
리빙스턴, 코모로 제도로 항해한다. [16]

루부마 강
니아사 호
루엔다 강

리빙스턴, 시레 강을 거슬러 올라가려 하지만 돌아서지 않을 수 없게 된다. [15]

켈리마네 [12]
[13]
리빙스턴, 아프리카 대륙을 서쪽에서 동쪽으로 횡단하여 켈리마네에 도착한다. 영국으로 떠난다.

리빙스턴, 1858년, 켈리마네에서 자신의 세 번째 탐험을 떠난다.

리빙스턴, 부하 27명과 함께 잠베지 강으로 돌아온다. 카누를 타고 떠난다. [9]

리빙스턴, 잠베지 강을 거슬러 올라가려 하지만 급류 때문에 못 올라간다. [14]

쉬레 강

리빙스턴, 처음으로 잠베지 강을 보고, 세세케에서 노예를 본다. [7]

세세케 [11]
카리바 호

리빙스턴, 1855년 11월, 빅토리아 폭포에 도착한다. [8]

빅토리아 폭포

리빙스턴, 사막을 지나 은가미 호에 이른다. [6]

은가미 호
칼라하리 사막

리빙스턴, 쿠루만의 선교사 회관에 머무른다. 그곳 선교사 책임자의 딸과 만나 나중에 결혼한다. [4]

리빙스턴, 1852년 가족을 영국으로 돌려보내려고 케이프타운으로 돌아간다. [8]

리빙스턴, 사자가 덤벼들어 죽을뻔했다. [5]

쿠루만
벌 강
오렌지 강
림포포 강

리빙스턴, 소가 끄는 수레를 타고 쿠루만으로 간다. [3]

케이프 타운 [1]
오렌지 강
포트 엘리자베스 [2]

리빙스턴, 1841년 3월, 케이프타운에 이르러 포트엘리자베스로 항해한다.

리빙스턴, 림포포 강으로 짧은 여행을 하고 케이프타운으로 돌아간다.

리빙스턴이 1855년에 발견하여 영국 빅토리아 여왕의 이름을 딴 빅토리아 호. 아프리카 이름은 '천둥소리를 내는 연기'로, 물이 잠베지 강으로 108m나 떨어지며 일으키는 거대한 물보라를 뜻한다.

0 100 200 300 400 500 km

탐험한 길
리빙스턴
첫 번째 탐험　1841~52년　[1]
두 번째 탐험　1852~56년　[9]
세 번째 탐험　1858~64년　[13]
네 번째 탐험　1865~73년　[18]
스탠리
첫 번째 탐험　1871~72년　[1]
두 번째 탐험　1874~77년　[3]
세 번째 탐험　1887~89년　[10]

인
도
양

레이디 앨리스 호

1874년, 스탠리의 아프리카 탐험을 위해 특별히 제작된 레이디 앨리스 호(약혼녀의 이름을 땄는데, 약혼녀는 스탠리가 아프리카에 있는 동안 다른 남자와 결혼했다)는 여러 토막으로 나눌 수 있어 콩고 강의 급류처럼 위험한 곳에서는 나누어서 육지로 운반했다. 콩고 강은 무척 위험하여 많은 사람이 빠져 죽었다. 그래서 스탠리는 이 배를 리빙스턴 폭포 상류에 버리고 걸어서 여행을 마쳐야 했다.

북극 탐험
To the North Pole

유럽의 탐험가들은 19세기 초까지 북극 지방의 중심을 지난 적 없었지만, 이 지역에 관해 많은 것을 알았다. 해안선과 섬들을 거의 정확하게 지도에 나타냈으며, 북극해의 대부분이 얼음에 덮여 있다는 사실도 알았다. 19세기 말에는 탐험가들이 경쟁적으로 이 지역의 중심인 북극을 탐험하기 시작했다. 그러나 북극 탐험은 어렵고 위험했다. 해류를 따라 흘러 다니다 서로 부딪치는 얼음들은 10m씩이나 솟아올랐고, 얼음들이 갑자기 갈라져 항해하는 배를 막기도 했다. 또, 얼음들이 배가 나아가는 방향과 반대 방향으로 흐르는 경우도 있었다. 날씨 변화가 심해 눈보라나 짙은 안개에 휩싸이기도 했다. 이러한 위험들은 북극을 정복하려는 많은 탐험가들에게 고통과 좌절과 죽음을 가져왔다.

북극에 대한 생각
위의 지도는 14세기에 영국의 수사 니콜라스가 그린 것이다. 니콜라스는 북극이 소용돌이 한가운데 있는 자기를 띤 암석으로, 강에 의해 4등분된 육지에 둘러싸여 있다고 생각했다. 19세기까지도 많은 사람들이 북극에 얼음만이 아니라 육지도 있다고 믿었다.

찰스 프랜시스 홀
1860년, 중년의 미국 출판업자 홀이 북극 탐험에 나섰다. 첫 번째 탐험에서 탐험대원은 그 혼자였다. 홀은 모두 세 차례 탐험을 했는데, 1871년의 세 번째 탐험에서 그는 다른 누구보다 북극점 가까이 갔다. 그러나 몇 주일 뒤 자기의 배 폴라리스 호에서 죽었다.

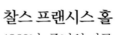
홀(1821~1871)

홀과 에스키모
북극 지역에서 사는 원주민인 에스키모는 사슴뿔로 만든 작살 등으로 순록, 바다표범, 고래 등을 사냥하며 살았다. 이 동물들의 가죽으로 옷, 텐트, 그리고 '카약'이라는 배를 만들었고, 개가 끄는 썰매도 타고 다녔다. 홀은 북극 지방의 심한 추위를 이겨 내기 위해 그들의 생활 방식을 따랐다. 에스키모 말도 배우고, 개썰매를 모는 법도 익혔다. 그러나 에스키모가 가장 좋아하는, 물개의 뜨거운 피로 만든 수프를 마시기 위해 홀은 큰 용기를 내야 했다.

추위를 막는 장비
초기의 탐험가들은 북극 지방의 심한 추위를 막는 장비를 제대로 갖추지 못했다. 19세기에야 에스키모가 사용하는 물개 가죽으로 만든 모자나 장갑(왼쪽) 같은 모피 의류가 따뜻하다는 사실을 알았다.

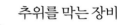

생존을 위한 음식
캐나다 북부의 인디언들이 생각해 낸 페미칸은 말려서 가루처럼 부스러뜨린 고기와 녹인 지방을 섞어 만든다. 칼로리가 많아 북극 탐험가들은 종종 이것을 먹었는데, 몇 년씩 보관할 수도 있었다. 왼쪽의 통조림은 100여 년 전의 탐험대가 휴대했던 것이다.

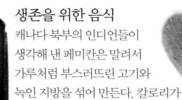

로버트 피어리
미국의 북극 탐험가 피어리는 해군 장교이며, 토목 기사, 박물학자였다. 그는 1891년, 젊은 아내와 하인 매슈 헨슨과 함께 북극 탐험을 떠났다. 헨슨은 최초의 흑인 북극 탐험가가 되었다. 피어리는 모두 여덟 차례에 걸쳐 북극을 탐험했다.

피어리(1856~1920)

북극의 피어리
1909년, 피어리는 여덟 번째 북극 탐험에서 돌아 북극점에 도달했다고 주장했다. 북극점이라고 주장한 곳에서 헨슨과 에스키모 동행자 네 명과 함께 찍은 사진(왼쪽 그림)을 가지고 왔다. 어떤 사람들은 피어리의 주장을 믿지 않았다. 피어리가 북극점에서 기지로 돌아오는 데 2주일밖에 걸리지 않았다는 게 이유였다. 아직도 논쟁이 계속되고 있는데, 현대의 북극 탐험가 중에는 피어리가 그처럼 빨리 여행하는 것은 불가능하다고 말하는 이가 있다.

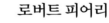

기구를 타고 북극으로
스웨덴의 기술자 살로몬 안드레이는 1897년, '뫼르넨(독수리) 호'라는 기구를 타고 북극에 도달하려 했다. 그런데 스피츠베르겐 섬을 출발하여 이틀쯤 여행한 뒤 소식이 끊어졌다. 1930년에야 안드레이 일행의 시체와 카메라가 발견되었다. 위의 착륙한 기구 사진은 안드레이의 필름에 찍혀 있던 것이다.

프리초프 난센

학자, 과학자, 문필가, 탐험가였던 노르웨이 출신의 난센은 1888년, 그린란드를 동쪽에서 서쪽으로 횡단하고 1893년, 프람(앞으로) 호로 재치 있는 탐험을 하여 유명해졌다. 그는 그 뒤 국제적인 정치가가 되었고, 전쟁 난민 구호 활동으로 1922년에 노벨 평화상을 받았다.

난센(1861~1930)

프람 호의 항해

1884년, 시베리아 북동부 해안 근처에서 침몰한 배의 잔해들이 해류를 타고 북극해를 가로질러 그린란드 근처 바다에서 발견되었다. 난센은 이 이야기를 듣고 얼음들 속에서 얼어붙어 다른 얼음들에 부딪힐 염려가 없고, 얼음들과 함께 떠다닐 수 있도록 특별히 설계된 프람 호를 만들었다. 프람 호는 난센이 희망한 것만큼 북극점에 가까이 가지는 못했지만, 3년 이상 북극해를 횡단했다. 난센과 동료 한 사람은 배에서 내려 걸어서 북쪽으로 갔다. 그들은 당시 기록보다 260km나 더 북극점에 가깝게 이르렀지만, 북극점에 도달하지는 못했다.

빙상(내륙빙)이나 빙하에서 떨어져 나온 거대한 빙산은 종종 탐험가들의 북극 항해를 방해했다.

북
아
메
리
카

아
시
아

뱅크스 섬

빅토리아 섬

북 극 해
(북빙양)

프람 호, 1893년 9월, 얼음들에 얼어붙은 채 북극점을 향해 해류를 따라 표류한다. ③

노보 시비르스크 제도

랍테프 해

난센과 동료 요한센 카약을 썰매에 싣고 프람 호를 떠나 북극점으로 향한다. ④

피어리, 1909년 4월, 헨슨과 네 명의 에스키모와 함께 북극점에 도착한다. ④

노스 랜드

홀, 일음 바다를 천천히 항해한다. 에타를 치나 배에서 내려 2주일간 썰매로 탐험한다. 배로 돌아와 병이 든다.

컬럼비아 곶 기지

피어리, 1909년 2월, 컬럼비아 곶 기지를 떠나 북극점으로 향한다. ③

북극점

젬랴프란차 요시파 섬

② 에타

배핀 만

배핀 섬

③ 홀, 1871년, 배에서 죽어 그린란드에 묻힌다.

피어리, 에타에 들러 50명의 에스키모를 고용하고, 250마리의 개를 빌려 물자를 기지로 운반한다.

난센과 요한센, 북극점에 이르는 데 실패하고 돌아와 젬랴프란차요시파 섬에서 겨울을 보낸다. 1896년 6월, 영국 배에 구조된다. ②

카라 해

하바로보 ②

우페르나비크

난센, 프람 호를 하바로보에 정박시킨다. 썰매를 끌 시베리아 개들을 산다.

피어리, 1908년 8월, 여덟 번째 북극 탐험을 시작한다. 루스벨트 호를 타고 그린란드 해안을 떠난다.

고드하운

안드레이, 기구를 타고 북극점으로 가려 한다.

스피츠베르겐 섬

바렌츠 해

노바야젬랴 섬

그 린 란 드

데이비스 해협

난센과 요한센,

난센, 1893년 6월, 프람 호를 타고 노르웨이를 떠나 북극으로 향한다. ①

노 르 웨 이 해

바르되 ①

세르뵈이

노르웨이

홀, 1871년 3월 세 번째 탐험을 시작한다. 폴라리스 호를 타고 데이비스 해협에 들어간다. ①

프람 호, 1896년 6월, 얼음들과 함께 표류한 지 거의 3년 만에 얼음에서 떨어져 자유로워진다. 노르웨이로 항해한다.

북극권

0 200 400 600 km

아이슬란드

유 럽

탐험한 길		
홀	1871년	① +++++
난센	1893~96년	① -----
(썰매로 탐험)	1895~96년	
피어리	1908~09년	① -o--o-

59

남극 탐험
To the South Pole

남극점은 북극점과는 달리 육지에 있다. 남극 대륙은 세계에서 가장 늦게 탐험된 대륙이다. 제임스 쿡 선장은 1773년, 남극권을 맨 처음 지나갔지만, 육지를 보지는 못했다. 1820년에 이르러서야 영국과 미국의 물개 사냥꾼들이 남극 반도를 보았다. 1840년대에는 프랑스의 쥘 뒤몽 뒤르빌, 미국의 찰스 윌크스, 영국의 제임스 로스의 탐험에 의해 남극 대륙의 해안이 지도에 나타나기 시작했다. 과학적인 남극 탐험이 시작된 때는 1890년대였다. 그리고 20세기 초부터 혹한의 기후를 무릅쓰고 남극에 도달하려는 탐험가들의 영웅적인 탐험이 계속되었다.

남극에 대한 생각

고대 그리스인들은 남극 주위에 거대한 대륙이 있다고 믿었다. 이 영향으로 유럽인들은 오랫동안 뉴기니 섬, 오스트레일리아, 그리고 뉴질랜드를 남극 대륙의 일부로 그렸다. 1739년, 프랑스에서 제작된 위의 지도는 정확하지는 않지만 사실에 가깝게 그려져 있다. 남극 대륙은 얼음에 덮인 거대한 육지로 바르게 그려졌지만, 그것을 둘로 나누는 바다가 그려져 있다.

제임스 클라크 로스

여러 해 동안 북극을 탐험했던 영국의 해군 장교 로스는 1839년 남극 탐험대를 이끌었다. 에레버스 호와 테러 호를 이끌고 처음으로 총빙(바다에서 떠다니는 얼음들이 서로 얼어붙어 생긴 큰 얼음) 사이로 항해했으며, 그의 이름을 따서 지은 로스 섬, 로스 해, 로스 빙상 등은 그가 발견한 곳들이다.

로스
(1800~1862)

유명한 크로노미터

런던의 국립 그리니치 천문대에 있는 오른쪽의 크로노미터는 영국 탐험대가 남극 탐험을 할 때 두 번이나 사용되었다. 1907년에 섀클턴이, 1910년에 테라노바 호를 타고 탐험한 스콧이 사용했다.

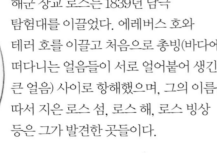
아문센(1872~1928)

로알 아문센

노르웨이 사람인 아문센은 의학 공부를 포기하고 남극 탐험에 참가했다. 1898년, 그는 사람들과 함께 최초로 남극에서 겨울을 보냈고, 1906년에 최초로 북서 항로를 항해했다. 그리고 1911년, 다시 남극점을 향해 출발했다.

로버트 팰콘 스콧

젊은 해군 장교 스콧은 1901년 영국의 디스커버리 호 남극 탐험대의 지휘자로 뽑혀 3년 동안 극지방을 탐험했다. 1910년, 테라노바 호를 타고 탐험할 때 그는 남극을 자신의 대륙이라 생각하고, 남극점에 맨 먼저 도달하겠다고 결심했다.

스콧(1869~1912)

스콧의 실망

스콧은 로스 해 근처의 기지에서 10명의 동행자, 10마리의 조랑말, 23마리의 개와 함께 아문센보다 10일 늦게 출발했다. 조랑말들은 추위를 견디지 못하여 곧 죽었고, 혹한의 기후 속에서 버드모어 빙하 같은 장애물들을 넘어야 했다. 이 빙하를 다 올라갔을 때 탐험대에는 두 대의 썰매와 대원 다섯 명만 남았다. 그들은 1912년 1월 17일, 남극점에 도달했지만, 아문센이 이미 도달한 뒤였다. 위 사진에서 사람들은 피곤한 얼굴에 실망의 빛이 가득하다. 스콧과 동료들은 돌아가는 길에 모두 죽었다.

썰매의 주행 거리계

1911년, 스콧의 테라노바 호 탐험대는 남극 탐험에서 여행 거리를 재기 위해 자전거의 주행 거리계처럼 작동하는 거리계(아래)를 썰매 뒤에 달았다. 로스 해 근처에 세운 스콧의 기지는 남극점에서 1,470km 떨어져 있었다.

아문센의 승리

아문센은 1911년 10월 19일, 훼일스 만의 기지에서 에스키모 차림을 한 네 부하와 개들이 끄는 썰매를 이끌고 남극점으로 향했다. 그는 전에 여러 차례 탐험을 하면서 곳곳의 저장소에 식품을 저장해 놓았다. 탐험대는 액슬 헤이버그 빙하를 넘어 12월 14일, 남극점에 도달했다.

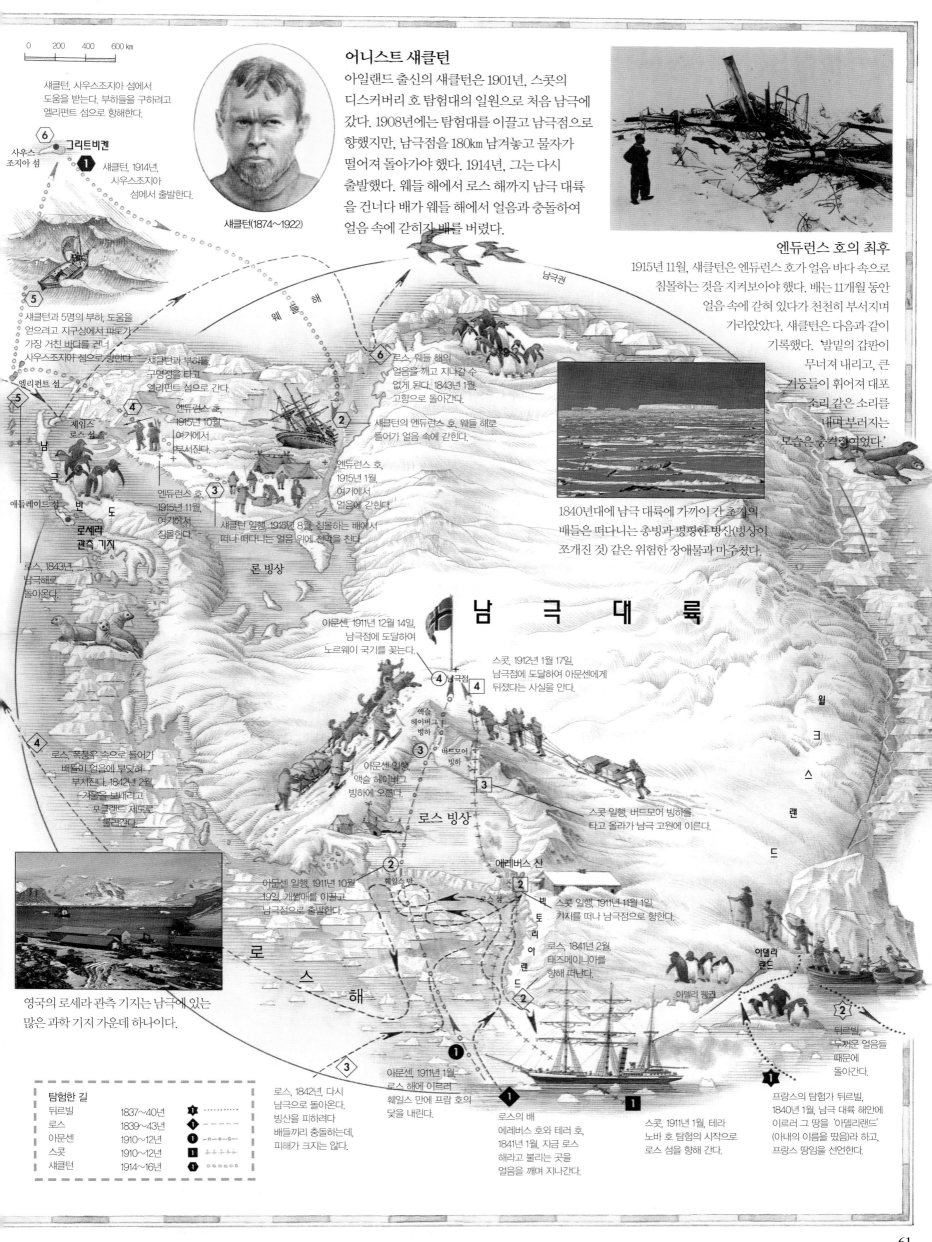

어니스트 섀클턴

아일랜드 출신의 섀클턴은 1901년, 스콧의 디스커버리 호 탐험대의 일원으로 처음 남극에 갔다. 1908년에는 탐험대를 이끌고 남극점으로 향했지만, 남극점을 180km 남겨놓고 물자가 떨어져 돌아가야 했다. 1914년, 그는 다시 출발했다. 웨들 해에서 로스 해까지 남극 대륙을 건너다 배가 웨들 해에서 얼음과 충돌하여 얼음 속에 갇히자 배를 버렸다.

섀클턴(1874~1922)

섀클턴, 사우스조지아 섬에서 도움을 받는다. 부하들을 구하려고 엘리펀트 섬으로 항해한다.

⑥ 그리트비켄
사우스 조지아 섬
① 섀클턴, 1914년, 사우스조지아 섬에서 출발한다.

⑤ 섀클턴과 5명의 부하, 도움을 얻으려고 지구상에서 파도가 가장 거친 바다를 건너 사우스조지아 섬으로 항한다.

엘리펀트 섬
⑤ 섀클턴과 부하들, 구명정을 타고 엘리펀트 섬으로 간다.

제임스 로스 섬
남극 반도
애들레이드 섬
로세라 관측 기지

④ 엔듀런스 호, 1915년 10월 여기에서 부서진다.

③ 엔듀런스 호, 1915년 11월 여기에서 침몰한다.

섀클턴 일행, 1915년 8월 침몰하는 배에서 떠나 떠다니는 얼음 위에 천막을 친다.

론 빙상

웨들 해
남극권

⑥ 로스, 웨들 해의 얼음을 깨고 지나갈 수 없게 된다. 1843년 1월, 고향으로 돌아간다.

② 섀클턴의 엔듀런스 호, 웨들 해로 들어가 얼음 속에 갇힌다.

엔듀런스 호, 1915년 1월, 여기에서 얼음에 갇힌다.

엔듀런스 호의 최후

1915년 11월, 섀클턴은 엔듀런스 호가 얼음 바다 속으로 침몰하는 것을 지켜보아야 했다. 배는 11개월 동안 얼음 속에 갇혀 있다가 천천히 부서지며 가라앉았다. 섀클턴은 다음과 같이 기록했다. '발밑의 갑판이 무너져 내리고, 큰 기둥들이 휘어져 대포 소리 같은 소리를 내며 부러지는 모습은 충격적이었다.'

1840년대에 남극 대륙에 가까이 간 초기의 배들은 떠다니는 총빙과 평평한 빙산(빙상이 쪼개진 것) 같은 위험한 장애물과 마주쳤다.

남극 대륙

아문센, 1911년 12월 14일, 남극점에 도달하여 노르웨이 국기를 꽂는다.

④ 남극점
스콧, 1912년 1월 17일, 남극점에 도달하여 아문센에게 뒤졌다는 사실을 안다.

④ 로스, 폭풍우 속으로 들어가 배들이 얼음에 부딪혀 부서진다. 1842년 2월, 겨울을 보내려고 포클랜드 제도로 물러간다.

액슬 헤이버그 빙하
③ 아문센 일행, 액슬 헤이버그 빙하에 오른다.

버드모어 빙하
③ 스콧 일행, 버드모어 빙하를 타고 올라가 남극 고원에 이른다.

로스 빙상

② 아문센 일행, 1911년 10월 19일, 개썰매를 이끌고 남극점으로 출발한다.

고래슨 만
로스 섬
에레버스 산

② 스콧 일행, 1911년 11월 1일, 기지를 떠나 남극점으로 향한다.

윌크스 랜드

② 로스, 1841년 2월, 태즈메이니아를 향해 떠난다.

비토리아 랜드

로스, 1843년, 남극해로 돌아온다.

영국의 로세라 관측 기지는 남극에 있는 많은 과학 기지 가운데 하나이다.

로스 해

③ 로스, 1842년, 다시 남극으로 돌아온다. 빙산을 피하려다 배들끼리 충돌하는데, 피해가 크지는 않다.

③ 아문센, 1911년 1월, 로스 해에 이르러 고래 만에 프람 호의 닻을 내린다.

① 로스의 배 에레버스 호와 테러 호, 1841년 1월, 지금 로스 해라고 불리는 곳을 얼음을 깨며 지나간다.

① 스콧, 1911년 1월, 테라 노바 호 탐험의 시작으로 로스 섬을 향해 간다.

아델리 랜드
아멜리 펭귄

② 뒤르빌, 두꺼운 얼음들 때문에 돌아간다.

① 프랑스의 탐험가 뒤르빌, 1840년 1월, 남극 대륙 해안에 이르러 그 땅을 '아델리랜드'(아내의 이름을 땄음)라 하고, 프랑스 땅임을 선언한다.

탐험한 길

뒤르빌	1837~40년
로스	1839~43년
아문센	1910~12년
스콧	1910~12년
섀클턴	1914~16년

오늘날의 탐험 *Modern Exploration*

여러 세기에 걸친 탐험가들의 집념에 의해 지금 지구상에는 알려지지 않았거나 이름붙여지지 않은 곳이 거의 없다. 마침내는 지구의 중력에서 벗어나 우주로 나아가는 탐험에도 성공했다. 탐험의 성격이 바뀌면서 오늘날 탐험가들은 지구와 자연환경, 그리고 그 속에서 살고 있는 생물들에 대해 알려고 애쓰고 있다. 오늘날 우리는 과거의 탐험가들이 보여주었던 경이로운 자연환경을 다음 세대를 위해 보존해야 한다.

산악 탐험

많은 사람들이 산악 지대에서 살고 있고, 산악 지대에 의존하여 생활하고 있다. 우리는 이미 히말라야 산맥(위 사진) 같은 숲이 파괴되면 땅이 침식되어 홍수의 원인이 된다는 사실을 알고 있다. 과학자들은 산꼭대기에 있는 암석의 작은 변화를 연구함으로써 지구의 지질과 기원에 대해 알 수 있다.

가장 높은 산

네팔과 티베트의 국경에 있는 히말라야 산맥의 에베레스트 산은 세계에서 가장 높은 산(8,848m)이다. 1953년 5월 29일, 뉴질랜드의 에드먼드 힐러리 경(1919년생)과 네팔의 등산가 텐징 노르게(1914~1986)가 최초로 정상에 올랐다. 이후 한국의 등산가 엄홍길, 고미영 등도 에베레스트 산 등정에 성공했다. 위 사진은 에베레스트 산 정상 근처에 있는 힐러리 경과 텐징의 모습이다.

시간과의 싸움

탐험가들은 열대 우림의 가장 깊은 곳까지 탐험했지만, 과학자들은 닫집(30m 높이에서 땅을 덮고 있는 나뭇잎들)에 대해 아직도 모르고 있다. 닫집을 관찰하는 한 가지 방법은 그 높이에 걸어 다닐 수 있는 길을 만드는 것이다.(왼쪽) 이 닫집에서 살고 있는 대부분의 동식물은 아직도 확인되지 않았다. 그러나 불행히도 연구를 위한 시간이 많이 남지 않았다. 해마다 개발에 의해 110,000~150,000㎢의 우림이 파괴되고 있기 때문이다.

보기
■ 우림
□ 사막
▨ 산악

북아메리카 / 북회귀선 / 대 서 / 적도 / 태 평 양 / 아마존 분지 / 남아메리 / 안 / 데 / 스 / 산 / 맥 / 남회귀선 / 남극 대륙

우림의 원주민들

비가 많이 내리는 숲인 우림에서 살고 있는 원주민들(아래)에게 우림의 파괴는 그들 문화와 전통의 단절을 의미한다. 그러나 지금도 계속 농부와 광산업자, 목재 회사와 기술자들이 눈앞의 이익을 위해 숲을 파괴하고 있다.

마라카 계획

마라카는 거대한 아마존 강으로 흘러 들어가는 우라리쿠에라 강에 있는 섬이다. 영국 왕립 지리학회는 이 섬에 숲과 흙과 물의 재생, 토지 개발, 곤충 등을 연구하는 기지를 세웠다. 섬의 동쪽 끝에 연구소가 세워졌는데, 이 계획은 1987년에 시작되었다. 위 사진은 영국 왕립 지리학회의 학자들이 우림의 어린 나무들을 관찰하고 있는 모습이다.

우주 정복

1957년, 구소련이 최초의 인공위성인 스푸트니크 1호를 발사했다. 축구공만한 크기의 이 위성은 지구에 무선 신호를 보낼 수 있을 정도였다. 그러나 4년도 지나지 않아 미국과 구소련은 유인 우주선을 발사했다. 우주에서의 경쟁은 달(오른쪽)에서 시작되었다.

달 착륙

1959년, 구소련은 달에 우주선을 보냈다. 그리고 9년 뒤, 미국의 두 우주 비행사가 최초로 지구 궤도를 벗어나 달로 향했지만, 달의 주위를 돌았을 뿐 착륙하지는 않았다. 최초로 달에 착륙하는 영광은 1969년 7월 20일, 닐 암스트롱과 에드윈 올드린에게 돌아갔다. 오늘날에는 지구 가까이에 우주 기지를 건설하고 우주 탐사 로켓을 보내 더 멀리 광활한 우주를 탐험하고 있다.

하늘의 눈

미국의 랜드셋(왼쪽 그림) 시리즈 같은 지구 자원 탐사 위성들은 지상 700~900km의 궤도를 돌고 있다. 이 위성들이 보내는 신호는 지상의 기지에서 컴퓨터에 의해 사진으로 만들어져 과학자들이 지구의 가장 외딴 지역을 지도에 나타내고, 천연 자원을 찾고, 공기의 오염을 살피고, 농작물의 상태를 아는 데 도움을 준다. 아래는 중국의 산악 지대를 찍은 사진이다.

사막과 건조 지대

사막 지역 탐험은 오래 전에 시작되었지만, 과학적인 연구는 최근에야 시작되었다. 인구의 증가는 천연 자원이 부족한 이 지역에 큰 어려움을 주고 있다. 가축을 마구 놓아기르고, 숲의 나무를 너무 많이 베어 내어 해마다 상당 면적의 농토가 사막으로 바뀌었다.

와히바 사막 계획

1985년, 와히바(샤르퀴야) 사막 계획에 따라 오만 동부에 있는 광대한 사막 지역에 대한 연구가 이루어졌다. 오만 정부와 왕립 지리학회는 생물학자, 경제학자, 사회학자를 포함, 40명 이상의 전문가들로 팀을 만들었다. 그들은 이 사막에 '야외 대학'을 세웠다.

남극 개척자들

남극 대륙을 관통하는 첫 탐험은 1958년에야 이루어졌다. 비비안 푹스 (1908년생) 박사가 12명으로 이루어진 영국 연방 남극 관통 탐험대를 이끌고 아르헨티나 해안과 포클랜드 제도에서 가까운 웨들 해의 새클턴 기지로부터 관통을 시작했다. 경비행기가 물자를 떨어뜨려 주고 앞쪽의 길을 확인해 주었다. 탐험대는 '스노캣'이라는 설상차(눈 위를 달리는 차, 왼쪽)와 한 대의 개썰매로 이동했다. 1958년 1월 19일에 남극점에 이르렀으며, 출발한 지 3개월쯤 뒤에 3,475km 떨어진 스콧 기지까지 관통에 성공했다. 1990년, 국제적인 탐험대가 개썰매로 이 놀라운 업적을 다시 보여주었다.

세종 남극 과학기지

우리나라는 1988년 킹조지섬에 세종과학 기지를 설립해 해저 지형 및 지층 탐사, 지구 온난화 등 지구 환경 변화 연구, 남극의 무한자원 개발에 참여하고 있다.

남극 연구

남극연구과학위원회(SCAR)의 설립에 따라 남극은 평화적이고 과학적인 목적으로만 연구된다. 남극의 얼음 내부의 층은 지난 16만 년 동안 남극에 내린 눈의 성질을 나타내는 기록이다. 두께가 4.5km나 되는 빙상에 구멍을 뚫고 연구하면 기온과 대기의 상태가 어떻게 변화되어 왔는지 알 수 있다.

지도 라벨
북 극 해
유럽
아 시 아
히말라야 산맥
사하라 사막
오만
아 프 리 카
태 평 양
인 도 양
오스트레일리아
푹스의 남극 관통 길
세종 기지
조지 섬, 한국
웨들 해
새클턴 기지
남극점
남 극 대 륙
스콧 기지
로스 해

찾아보기

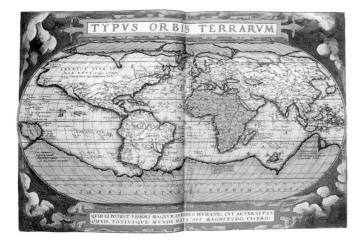

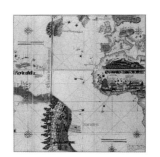

글 / 닐 그란트
세계적인 역사학자. 캠브리지 대학 사학과에서 역사를 전공했다. 여행을 좋아해 어린이들과 어른들을 위한 탐험책과 역사책을 많이 썼다.

그림 / 피터 모터
영국 출신의 세계적인 삽화가. 건축 도면 전문가로 활동했으며, 미국과 유럽에서 발간된 수많은 도서에 삽화를 그렸다. 영국 문화 진흥회와 빅토리아 앨버트 미술관이 주최하는 전시회에 작품이 출품되기도 했다.

번역 / 박인식
서울대학교 공과 대학을 졸업하고 동 대학원에서 공학 석사, 미국 캘리포니아 주립대에서 공학 박사 학위를 취득했다.

감수
김찬삼
서울대 사범대와 미국 샌프란시스코 주립대 대학원에서 지리학을 전공했다. 1958~71년 사이에 세 차례 세계일주 여행을 했으며, 1973~91년 사이에는 열네 번이나 세계 여행을 했다. 세종대, 경희대 지리학과 교수로 있었으며, 펴낸 책으로는 《세계일주 무전 여행기》 《김찬삼의 세계 여행》 등이 있다. 2003년 타계했다.

고종훈
서울대학교 동양사학과를 졸업했다. 솔빛 위성방송 강사, 메가스터디 강사로 있었다.

박영주
서울대학교 사범대학 지구과학교육과를 졸업하고, 서울대학교 자연과학대학원 대기과학과를 졸업했다. 중학교 과학교사로 있다.